三重弁やん

神田 卓朗

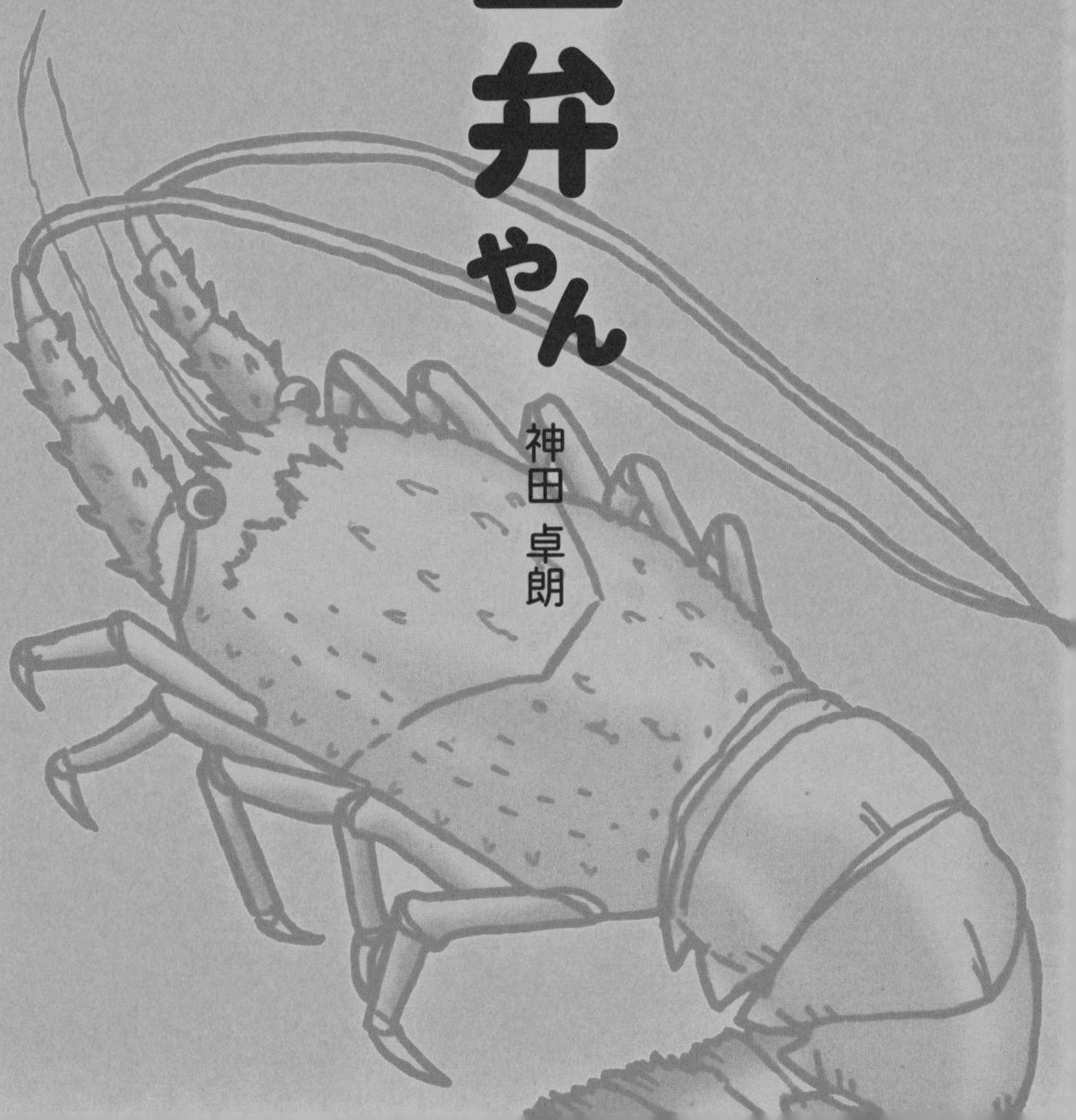

まえがき

大阪出身の私が、初めて三重のことばに気付いたのは、学生時代にアルバイトをしていた時のことだった。大阪市北区にSトラベルという集配会社の梅田営業所があった。

その営業所では、オフィス街にある契約会社を集配車で回り、それぞれの会社の東京本社や地方支社へ送る書類や連絡資料などを集め、それを航空便で送り、到着した地方の集配車で届けるというようなシステムになっていた。

契約会社に向かう時は、三重県出身の若手社員Mさんが車を運転し、アルバイトの私が助手席に座って、各会社のビルで集荷や配達を繰り返していた。ある日の午後、車で営業所を出て、いつも通る堺筋をゆっくり走っている時にMさんが思わず言った。「今日は道がつんどるでなぁ」。「道がつんどる?」聞いたことがないことばだったので、「Mさん、つんどるて、どういうこと?」とたずねた。Mさんは、「あ、分からんか、これ三重弁かなぁ。道路が混んどるとか、渋滞しとるゆーことや」と教えてくれたので、「なるほどそーゆーことばもあるんや」と納得。三重弁との初めての出会いだった。

やがて、私は岐阜県の民放局でアナウンサーの仕事に就いた。ニュースや番組の担当、、様々な取材などと取り組んでいるうちに、私事ながらラジオ番組を担当する女性パーソナリティと知り合い、結婚した。妻・照枝は四日市市の出身である。同市にも足を運ぶ機会が増え、三重県に少し近づいたような感じがした。

三十一年に及ぶ放送の仕事を卒業したあと、岐阜の女子大に移り、教壇に立つようになった。この女子大に勤務しながら一年後に、伊勢市の皇學館大学で非常勤講師を担当することになり、これが三重弁に接近する大きなきっかけとなった。同大学では、社会人に向けて話す力・スピーチ力・プレゼン力をベースにしたコミュニケーション力を高めるための「表現演習（話し方）」という必修科目を受け持っていた。この授業の始めは必ず「やっほー」というロングトーンの発声練習をするのがお決まりだった。大学の教室ではあまりないような体験だっただろうと思う。

この授業の前後、学生たちからはこんなことばが聞こえてきた。

……「あいつ、まだこやんなぁ」「新しい教科書こーてきたで」「きのう大阪、行ったんさ」「来週もレポート発表あるんやに」「風邪ひいてめっちゃえらいわ」「ちゃうちゃう、字ぃーの読み方ちゃうでー」「あした休講やん」「そんなん、せーへんわ」「ちょっと、ケッタかしてくれやん？」「かまへんかまへん」「おだっとったら、あかんぞ」「今日はなんか、かいだるいわ」「いま、何しとん？」「そんな話、ありえやんやん」「その人、誰なん？」……

北勢ことば風にいうと「三重弁まるけ」であった。

学生たちと話していると、話し方は大阪弁や関西弁と良く似ているのだが、「～やに」や「～やん」や「～やんやん」などの語尾が特徴的なほか、「（底に）とごっとる」「段ボールみじゃいた」「先生の頭あばばい」「棚に手ぇーたらわん」「カエルのカンピンタン」などのように、初めて耳にすることばが次々と登場してきた。

「これはおもろいなぁ」と思った。学生たちに出身地の方言について関心を持ってもらい、考えてもらう良い機会だと思い、授業の中で「方言＝三重弁」を調べる時間を少し設けた。三重県内出身の学生たちが、三重弁の話者として「これぞ三重弁アンケート調査」用紙に記入したり、両親や祖父母から三重のことばを聞き取って記入するケースもあり、毎年学生たち自身がアンケートをまとめ発表した。このアンケートを八年間続けまとめた結果、合計約五五〇人の学生から県内各地の三重弁が「よーけ」集まった。

学生たちの協力で集まったたくさんの三重弁語彙《ごい》や使用例は貴重な原資料であり、そのままにしておくのは惜しいので、その後これを含めて本に出来ないかと考えた。そこで学生たちとは別に、県内約三〇自治体の職員の方々や、各地の市民の皆さんにもご協力いただき、三重弁の語彙や地元のアクセントについても聴き取り調査を行った。このほか、「今お米かしとる」や「急行電車は、いまし、出ました」などの三重弁エピソードを多くの方から取材することも出来た。幸い出版社である風媒社のご理解・ご協力をいただけたので、誰でも楽しく読める本『三重弁やん』が誕生した次第である。

内容的には、①三重県人や他県出身の県内在住者から話を聞いた「三重弁おもしろエピソード」、②案外知られていない三重弁のことや方言について整理した「方言ミニ知識」、③学生たちの三重弁アンケートのまとめと各地域への確認調査による「三重のことば小辞典」の三部門で構成した。

「方言ミニ知識」の中でも紹介しているが、明治以来の標準語教育と、放送による共通語の浸透によって、全国的に地域文化を代表する方言が若年層を中心に使われなくなっている。各地の絶滅危惧種方言のランプが点滅している訳である。

こうした状況の中で三重弁はどうなのだろうか。この本をご覧いただくとお分かりのように、三重弁おもしろエピソードのような三重弁体験談は、今も県内各地で発生しており、若い人たちの間でも三重弁は自然に使われているように思える。とはいえ、もちろん共通語の影響も受けている。しかし、時代ごとの三重弁の使用状況データが把握できないので、現在との比較は難しい。そこで、本書では二〇〇四年ごろから二〇一七年までの間に使われている、日頃の三重のことば表現を出来る限りそのまま記録し掲載、地域ごとの特色ある三重弁が数多く登場する。

本書を出すにあたり、元放送人としては、専門用語、学術用語は出来るだけ避け、誰にでも分かりやすく、楽しく読めるような表現を心がけた。読者の方々が、「そーそー、そーゆー」とか、「そーゆーこと、あるある」とうなずいたり、「これ三重弁やったん?標準語や思とったわ」とか、「三重県広いなぁ、全然知らんことば、よーけあるやん」とか「懐かしいことばや。おばあちゃんがゆーとったなぁ」などと、めいめいひとりごとを言ったり、家族や友達などと笑いあったりして、ふるさとの文化、三重県人のアイデンティティーである三重弁の良さや豊かさ、楽しさや奥深さを見直すきっかけになれば幸いである。

神田卓朗

三重弁やん――目次

まえがき　3

第一章　三重弁おもしろエピソード

「柿がカンピンタンになっとるわ」「それ、呪文?」　12
「お菓子、そんなとこに置いとったら、あめるよ!」「??」　14
「そんなしばり方したら、はざん!」　16
「急行電車は、いまし、出ましたよ」「ん??」　18
「机つってー」「どうやってつるん?」　20
「場所を変えたいんで、机つって下さい」　22
「朝からたけっとったから、はよ寝たなー」　24
「あした、あさって、ささって、しあさって、言うやろ?」　26
「あんた、しあさってに会お、ゆーたやないか?!」　28
「お肉、いろてみ」…三重弁に戸惑う留学生　32
「きのうは、わっけな、よーけ、人がおったんさ」　34
「これ、とごっとんで、まぜやなあかんなぁ」　36

「いらん紙、ほっときますね?!」「捨てといて！」　38
「このゴミ、ほっといてくれ！」　40
「これ、ほったって！」「はい、ホタテです」　40
「帰る前に、必ずゴミをほること！」「ゴミを掘る？」　42
「いま、お米かしとる」「平成の時代にまだ米の貸し借り？」　43
「『のー』って、ニックネームですよね？」　45
「食べやんせ！」日系二世のエリンダさん「タベヤンセ？」　47
「えらい車がつんどった！」「わっ！すごい事故だったんだね？」　50
「あー、えらいなー」「偉いって誰が？」　52
「今日はえらかったー！」「自分が偉い？」　53
中国人留学生も「あー、えらかった！」に「??」　54
「テレビ、やぶれたんとちゃう？」「テレビが破れる？」　56
「家のカドで待っとって」といわれたのだが…　59
「机の上のあれ、たろてー！」「どーゆーことや？」　61
「ちょっと、おこーこ、たろて」　62
「ヘイハチ、殺さな！」「誰なん？」　65
「わやく、しよったら、あかんよ！」　67
「そんなん、食べやんやん」「それ面白い！」　69
「こんな階段、登りきれやんやん」「やんが一個多くない？」　70

第二章　方言ミニ知識

1　三重弁は近畿方言＝関西弁　74
2　伊勢方言は、いなべ市から伊勢市まで広域の方言　79
3　これぞ三重弁ベスト20　81
4　三重県内の揖斐川が東西アクセントの境界線　83
5　かえるのカンピンタン考　その1　86
6　かえるのカンピンタン考　その2　88
7　柳田國男の「蝸牛考」＝方言周圏論　91
8　バカはアホやタワケより古いことばだった　93
9　三重の「アンゴウ」は岡山でも活躍中　96
10　江戸時代の方言辞典「物類称呼」に三重の「アンゴウ」も　98
11　三重のことばクイズ〜これが分かれば三重弁博士〜　100
12　伊勢商人と江戸のことば　102
13　「ささって」の「さ」は「さらいねん」の「さ」と同じ　111
14　江戸・明治・大正は方言大活躍の時代　113
15　「まっさか」「ねこ」などは三重固有のアクセント　116

16 東紀州・紀伊長島の独特なアクセント 119
17 「イロハニホヘト」の三重弁アクセントは？ 121
18 同じ出身地なのに知らない方言があるのは何故？ 123
19 あなたは「手袋をはく」三重県人？ 126
20 北海道の「手袋をはく」は開拓三重県人がルーツ？ 127

第三章　三重のことば小辞典

あ行 132
か行 140
さ行 146
た行 151
な行 156
は行 160
ま行 166
や行 170
わ行 172
語尾 174

あとがき 179
参考文献 184
語彙索引 186

第一章

三重弁おもしろエピソード

方言には、他県の人には意味の分からないことばや、共通語と同じことばでも意味が全く違うことば、誤解を生むようなことばがあり、コミュニケーションの途中で「?」マークが浮かんだり、空白タイムが生まれたりすることがある。三重県の方言＝三重弁についてはどうだろうかと、県内外の出身者を取材したところ、多くの人からおもしろエピソードが寄せられたので紹介しよう。

「柿が**カンピンタン**になっとるわ」「それ、呪文《じゅ》？」

三重弁おもしろエピソードのトップは、奈良県出身で、三重テレビ放送の坊農《ぼうの》秀治アナウンサーが、初めて「カンピンタン」に遭遇した時のびっくり体験談である。坊農アナは、鹿児島生まれ、奈良育ち、大学は京都、数年岐阜で過ごしたあと、三重テレビに入社、放送マン生活は約二〇年になる。

それは、三重テレビのアナウンサーになって二年目の秋、十一月のことだった。テレビニュース番組の話題拾いのため、坊農アナと松阪市出身のカメラマンHさんを中心とするクルーが、津市内の農村部を取材していたところ、道沿いの柿の木が目に入った。その下を見ると、道に落ちて水分がすっかりなくなり干からびた柿が、べったりと道にへばりついている。これを見たHカメラマンが坊農アナに言った。

H「柿がカンピンタンになっとるわ」
坊「はァー？何それ？」
H「そこの落ちた柿がカンピンタンになっとるやろ？」
坊「カンピンタンてなに？」
H「カンピンタンやがな」

坊「そやから、それが分からんちゅうのに」
H「乾燥してカラカラになっとるのを、カンピンタンてゆーやんか。そう言わへん？」
坊「そんな、呪文みたいなこと、ゆーかいな」

「柿のカンピンタン」は取材対象にはならなかったが、坊農アナは、出身地の奈良と隣り合わせなのに、三重に「カンピンタン」という全く聞いたこともないことばがあるのに驚いたと話す。

「カンピンタン」は漢字では「寒貧短」と書く。方言辞典によると「カンピンタン」は、①全く金がないこと・極貧・すっかんぴん、②乾燥したもの、③やせた人・やせた顔つきの人、④背の高い人、⑤固いさま…などの意味に分かれ、全国七県でそれぞれ別々の意味で使われている。三重県の「カンピンタン」は②の意味で使われ、これを知らなければ三重県人ではないと言われるほどの広がりを見せており、特に「カエルのカンピンタン」は子どもの頃からなじんだ超有名なフレーズである。なお、「方言ミニ知識5」「方言ミニ知識6」にも「カエルのカンピンタン」が登場する。

柿が
カンピンタンやに
誰が
アンポンタンや！

「お菓子、そんなとこに置いたとったら、あめるよ！」「？？」

　W旅行会社津営業所に勤務するベテラン女子社員で、鈴鹿市出身のK子さんは、かつて知らない三重弁にカルチャーショックを受けたことがあった。

　三重県の県庁所在地とあって、同営業所には旅行の相談や申し込みに訪れるお客さんが多く、その中には、旅行から帰ってきたあとカウンターの担当者にお土産をプレゼントしてくれる人もいるという。

　今から一五年ほど前の少し暑い六月のある日、友だち同士女性二人のお客さんが長野県への旅行の相談に同営業所を訪れ、K子さんがカウンターで応対しプランニングした。やがて楽しい信州の旅を終えた二人は、二日後同営業所のK子さんを訪ね、旅行の思い出話をしたあと、お礼にと言って、お土産がわりの洋菓子を手渡した。

　お礼を言って二人を見送ったK子さんは、次のお客さんが待っていたので、とりあえず机の上に洋菓子を置いて、接客にかかろうとした。その時、同じ職場の女性社員で伊勢市出身のI子さんが声をかけた。

「K子さん、お菓子そんなとこに置いとったら、あめるよ」

「あめる?」

初めて耳にすることばに驚いたK子さんは「あめるて、どういう意味なん?」とたずねた。

「腐るとかそういう意味よ」というので、「へーえ」と理解したK子さんは、同じ三重県なのに意味が分からない言葉があることにカルチャーショックを受けながら、早速洋菓子を冷蔵庫に入れたのだった。

「腐る・腐っている・すえる」ことをいう「あめる」は、県内でも広い地域で顔をしかめ、鼻をつまみながら愛用されているが、県外では北海道、青森、秋田、岩手と三重から遠く離れた北の国々にも分布している。

あめとるやん
あめ対策やったら
バッチリやに!

「そんなしばり方したら、**はざん!**」

地域の新聞回収日が近づいてきたので、津市出身のN子さんは志摩市出身の夫Tさんと一緒に、家の中にたまっていた新聞の山を出すことにした。

さっそくN子さんが新聞の束にひもがけを始めたところ、夫が、

「そんなしばり方したら、はざん! 結び目がゆるいよって、ほどけてしまうやろ」

と言いながら、新聞の束を引き寄せ、自分で強くしばり始めた。

N子さんは、

「はざんて何? 誰か破産でもするの?」と聞くので、

「誰も破産なんかせーへん。はざん、聞いたことない? あかんとか良うないとかゆーことやなー」と説明した。

するとN子さんは「それやったら、女の人は力が弱いから、新聞しばっても、みんなはざんやんか」と笑いながら言った。

志摩市出身の夫が言った、「駄目・いけない・良くない・悪い」などの意味の「はざん」は、学生へのアンケート調査でも、「こっちに来たらはざん」(志摩)、「せや、はざん」(志摩)、「体

にはざん」（鳥羽）、「危ないからはざん」（鳥羽・松阪）などが登場している。

「急行電車は、**いまし**、出ましたよ」「ん??」

伊勢市出身で、ある鉄道会社に勤務するベテラン社員のKさんは、若い頃に無意識に話した三重弁で旅行客が「？？」状態になりかかったものの、とっさの判断でコミュニケーションが成立したという経験者である。

今から三十五年前、当時、新入社員だったKさんは、県内の白子駅で改札係を担当していた。ある日、鈴鹿サーキット帰りと見られる旅行客らしい男性が、改札を通る時に「あのー、鳥羽行きの急行は、もう出たでしょうか」と尋ねた。

Kさんは、

「ああ、鳥羽行きでしたら、いまし、出ましたよ」

と答えた。しかし、その男性は立ち止まってキョトンとしている。この様子を見てKさんは、この男性に「いまし」の意味が分かっていないと思い、とっさに「鳥羽行きの急行は、今しがた、出たばかりですよ」と言い換えたのだった。

そんな経験をしたので、Kさんはその後「いまし」を含め、「ささって」など、他県からの乗客には通じそうもない三重のことばをマークし、使い分けるようにしたという。

「いまし」は「いま、たった今、ちょうど今、つい先ほど、ちょっと前、今しがた」の意味を表わす三重弁だが、「いまし」の「し」は強めを示すので、「電車はたった今、出たばかり」というニュアンスになる。

「いまし」に限らず、三重ならではのことばを小さい頃から聞き慣れていると、方言と気づかない人は案外多い。でもそれは自然なことであり、むしろ他県の人に通じない特産品としての三重弁が、楽しいコミュニケーションを引き出すきっかけにもなるので、地域のことばは大いに愛用してほしいもの。

2
えき
いまし
出ましたよ！

「机をつる」シリーズ・その1

「机つってー」「どうやってつるん?」

県内のある自治体の観光協会に勤務する女子社員の中西さんが、伊勢市内の小学校時代に体験した「机つって」事件だ。

中西さんが小学校四年生の時、クラスにH子さんという女の子が和歌山から転校してきた。授業の初めに担任の先生から「和歌山からの転校生のH子さんです。みんな仲良くしてあげてね」と紹介があり、続いてH子さんも元気よく挨拶し、みんなの拍手の中を席に着いた。

午後二時半ごろに授業が終わり、掃除の時間になった。児童たちは、教室担当の一班、トイレ担当の二班、体育館担当の三班に分かれてそれぞれ掃除を始めた。教室担当の中西さんは、同じ一班に入った転校生のH子さんや他の児童たちと一緒に机をうしろまで下げて片付けたあと、ほうきで床を掃除し、雑巾やモップで床をきれいにした。

そのあと、後ろに下げた机を元の場所に戻すため、中西さんがH子さんに、

「机つってー」

と声をかけた。するとH子さんは「どうやって、つるん?」と聞く。中西さんは「え??」と驚い

たが、Ｈ子さんはもう一度「机つるってどうやってするん？」と尋ねるので、中西さんが机を運んで見せると、「あー、そうかー、机運ぶゆーことかー」と、やっと意味が通じた。

その後、中西さんはＨ子さんと仲良くなり、「机つって」の話をすると、Ｈ子さんは「あの時、教室のどっかにロープがあるんかとおもた」と言い、机を釣り上げるイメージを描いていたことも分かった。中西さんは、教室掃除の時のＨ子さんとのやりとりで、「机をつる」が他の県の人には分からない三重のことばであることを初めて実感したという。

三重県内では、分かっているだけでも桑名、四日市、鈴鹿、亀山、津、伊賀、松阪、多気、伊勢、鳥羽、志摩、度会、尾鷲などに住む三重県民が「机を運ぶ・移動する」という意味で「机をつる」を使っている。つまり三重県中で子どもも大人も「机をつりまくっとる」訳だが、八年間で合計五五〇名の学生が選んだ「これぞ三重弁ベスト20」でも「(机を) つる」がトップだった。

「机をつる」シリーズ・その2

「場所を変えたいんで、机つって下さい」

伊勢市小俣町に住む元三重県職員のMさんも、県の東京事務所に勤務していた頃に「机をつる」のに苦労した一人である。

平成○年○月、衆議院秘書協議会結成二〇周年記念レセプションが、ホテル・オークラで開かれ、平安の間には、全国四十七都道府県から甘いものや、酒の肴になりそうな食品を中心とした特産品が並ぶことになっていた。

会場では朝から準備が始まり、担当の業者が各都道府県のブースの仮配置をしたあと、三重県のブースでも東京事務所のMさんをはじめ、五人の職員が準備のため慌ただしく動き回っていた。

やがて業者の人が確認のため三重県のブースにやってきて、「机や椅子の配置はこれで良いですか？」と聞いたので、Mさんが、

「えーっと、机の場所を変えたいんで、つって下さい」

と頼んだ。しかし業者の人の頭の上を⁇マークが飛びかっている。

そこでMさんは「机を動かしたいんです」と言いながら、自分で机の片側に手をかけたので、

意味が分かった業者の人はニヤッと笑って、机を運び、「机をつる」事件は、無事解決した。この時Mさんは「そーか、東京じゃぁ『机をつる』は通じへんのや」と思ったという。

方言辞典で調べると「つる」は、「二人またはそれ以上でものを運ぶ、かつぐ、かく」の意味。「つる」は三重弁に間違いないが、実は三重・愛知・岐阜・静岡の四県共通の方言でもある。だから中部四県以外の出身者が、初めて「机をつる」を聞いた場合、意味が分からず理解出来ないか、または「ロープで机をつり上げる」とか「クレーン車で机をつり上げる」というようなイメージを描くため、楽しい誤解エピソードが誕生することになる。

しかし「机をつる」をはじめ、三重弁は地域の生きた文化財だから、卑下したり恥ずかしいと思う必要は全くなく、むしろ三重県が誇るべき特産品として楽しんで使い、大いに自慢しながら全国に向けて発信してほしいと思う。

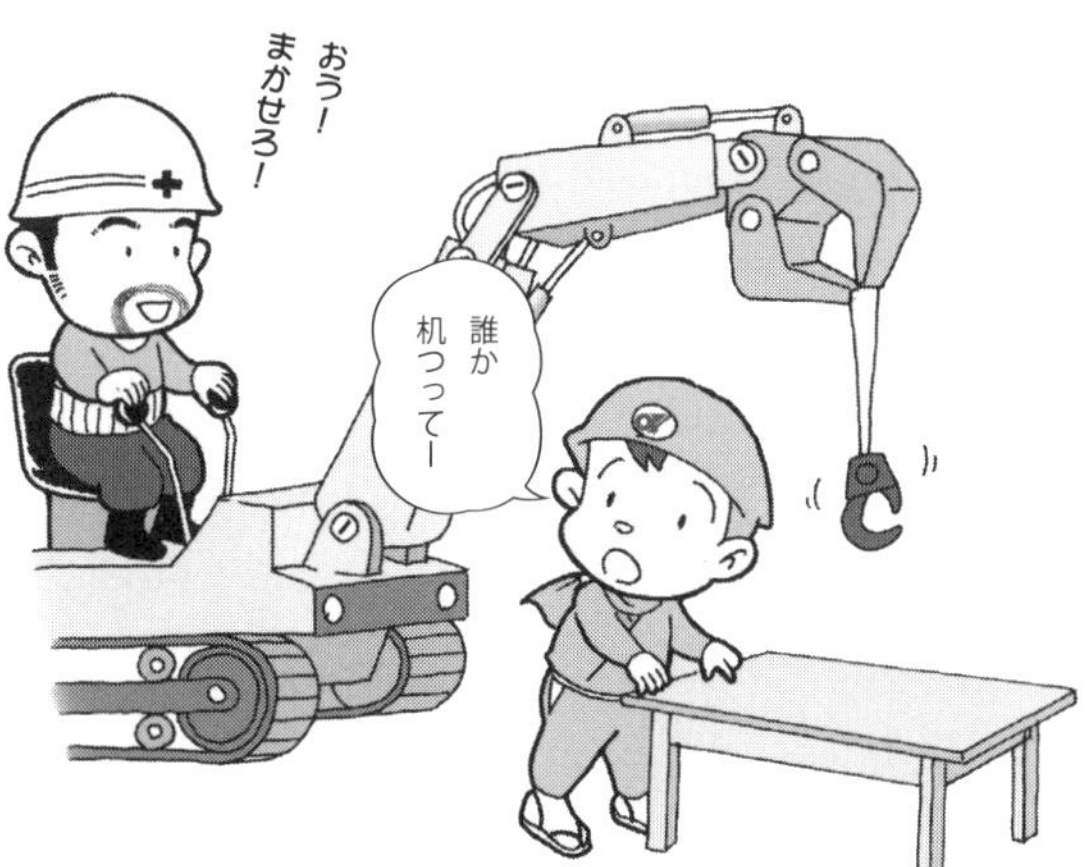
おう！まかせろ！
誰か机つってー

「朝から**たけっとった**から、はよ寝たなー」

志摩市出身で伊勢市在住の玉田功さんが、年末からお正月にかけて岐阜県の高山市に、妻のM子さんと五歳になる一人娘のA子ちゃんの三人で家族旅行に出かけた時の三重弁エピソードだ。

A子ちゃんにとって初めての飛騨の高山は珍しいものばかり。伊勢市ではあまり経験しない雪の降る三之町の古い町なみを歩き、飛騨牛にぎり寿司の行列に並んだり、日下部民芸館を見学したり、みたらしだんごや五平餅を食べたり、色んな国からやってきた外国人旅行客の多いのにもびっくりした。

この日の楽しい体験でいつもよりテンションの上がったA子ちゃんは、パパやママとホテルに戻り、お風呂に入ったあとご馳走を食べ、八時頃には早くも寝てしまった。その時の玉田夫妻（M子さんは津出身）のやりとりである。

夫「A子、朝からたけっとったから、はよ寝たなー」
妻「たけっとった?どういう意味なん?」
夫「そやなぁ、大人よりも子どもの場合に使うけど、子どもがはしゃいどる時に『たけっとる』ってゆーんやけどな」
妻「何となくそんな感じかな思ってたけど、今の話ではっきり分かった」

夫「『たけっとる』もおじーちゃん、おばーちゃんがつこうとったことばやけど、志摩の方言は、他にも、よーけあるんやわ」

妻「ふーん」

「たける」は、県内でもあまり耳にしない志摩の方言だが、古語辞典では「①勢い盛んに勇み立つ。気を高ぶらせてあばれる。荒れる。②激しく叫ぶ。わめき立てる。」の意味。方言辞典を見ると「①大声で呼ぶ。叫ぶ。②悲鳴を上げる。③苦しんで声を出す。うなる。④怒る。⑤しかる。⑥ののしる。こき下ろす。⑦じたばたする。」の七種類の意味がある。地元志摩地方で使われる「たける」は「①怒って大声を出す。叫ぶ。どなる。（例「さっき○○さんにたけられたわー」）②興奮してはしゃぐ。さわぐ。」の意味があり、玉田A子ちゃんの場合、家族の観光旅行で初めて訪れた高山が楽しくて、興奮してはしゃいでいたので、「たけっとった」ということになる。

「ささって」シリーズ・その1

「あした、あさって、**ささって**、しあさって、言うやろ?」

山口県出身で、伊勢市内にある皇學館大学の職員松野高士さんは、付き合いの長い津市の友人A夫さんと久しぶりに飲もうということになった。二人だけの飲み会をいつにするかを電話で相談していた時のことである。

松野「今週だと、いつがいい?」
A夫「あしたもあさっても、用事があって、あかんねや」
松野「だったら、しあさってにしようか」
A夫「そやなぁ、しあさってやったらええわ」
松野「じゃぁ、しあさっての午後六時半、津の改札口集合」
A夫「分かった。そしたらな」

当日がやってきた。松野さんは、約束通り六時半に津駅の改札口でA夫さんを待っていたが三〇分たってもA夫さんが来ない。携帯で連絡をとってみた。

松野「もしもし、おれ。あれ、まだ会社にいるの？」
A夫「そうやで。残業や。なんかあったんか？」
松野「だって今日約束した日じゃない?!」
A夫「約束したんは今日やないやん。あしたやで」
松野「この前、しあさってって言ったから、今日だろ？」
A夫「違うやん」
松野「どうして？」
A夫「そやで、あした、あさって、ささって、しあさって、言うやろ？」
松野「ええっ?! ささって?? そんなのが入るの?!」

当時、伊勢で生活するようになって十年以上たっていたが、初めて耳にした三重弁の「ささって」に驚いた松野さんは、説明を聞いて納得。結局その日会えなかった二人は、翌日の夕方会うことになったのだった。

「ささって」シリーズ・その2

「あんた、**しあさって**に会お、ゆーたやないか?!」

今年の二月、新聞の三重県版に「しあさって現場で」という見出しの小さな記事が出ていたが、実はこれも、交通事故がきっかけの「ささって」事件だった。

二月のある日、松阪市内の交差点で、乗用車同士による出会いがしらの衝突事故があり、この事故を目撃した同市内在住の男性Bさんから一一〇番通報が入った。これを受けて、松阪警察署の巡査長で神奈川県出身のIさんらがパトカーで現場に急行したが、さいわいけが人はいなかった。

衝突した二台の乗用車を運転していた二人から事故の状況について聞き取り調査をしていたIさんは、目撃者のBさんからも話を聴こうとしたが、「今日はこれから予定があって都合が悪いんや」という。その時の二人のやりとりだ（巡＝Iさん、B＝目撃者Bさん）。

巡「それでは改めてお時間をいただいてお話をお聞きしたいんですけど、あすはご都合はいかがですか？」

B「あしたも都合わるいなァ」

巡「あさってはどうでしょう？」

B「あさっても、あかんわ」
巡「それじゃぁ、しあさってはどうですか？」
B「しあさってやったら、えーよ」
巡「じゃぁ、しあさっての午前9時ごろ、事故現場でということでよろしいですか？」
B「あぁ、そんなら、しあさってということで」

約束通り、事故の日から三日目、つまり「しあさって」当日の朝九時、I巡査長は事故現場に出かけ、一時間ほど待ったが、結局Bさんは姿を見せなかった。このあと、警察署に戻り、Bさんに電話をかけたが出ないので留守電に用件を入れておいた。しかし、その日は夕方までBさんからの連絡はなく、きっと仕事で忙しいんだろうと思っていた。

翌日の朝九時すぎ、BさんからIさんに電話がかかってきた。しかし、何だか様子が変だ。「忙しい中、あんたが時間くれとゆーたで時間作ったのに、事故現場の寒いとこで待たせるとは、どーゆーつもりや？ それに、あんたが今も警察署におるっちゅうのは、一体どーゆーことや?!」と、かなりお怒りの様子である。

巡「あのー、私きのうの朝九時にお約束通り事故現場に行って、しばらく待たせていただいたんですけど……」
B「いやいや、あんた、この前の話では今日の約束やん?!」

巡「私は、お約束したきのう……」
B「あんた、この前、しあさってに会おゆーたやないか？！」
巡「はぁ、間違いなく、しあさってと言いましたが、しあさっては、きのうですよね？」
B「いや、しあさっては今日やないか。昔から言うやろ？　あした、あさって、ささって、しあさってやから、しあさっては今日やでー」
巡「ささって⁈」（初耳の「ささって」で初めて変だと気づく）
B「そーや、あした、あさって、ささってや。（このあたりでI巡査長の標準語的なことばづかいが気になり）、それはそーと、あんた、どこの人間や？」
巡「私、神奈川県の出身で三重県に来て七年目ですが……」
B「そーか神奈川か。三重ではな、あした、あさって、ささって、しあさって、ゆーんやけどな。全国的に通じると思とったけど、そーか分からんか？」
巡「はぁ、『ささって』っていうのがあるとは思わなかったので、申し訳ありませんでした」
B「いやいや、こっちこそ申し訳なかった。いやー三重は『ささって』があるでなぁ（笑）」
巡「じゃぁ、これから事故現場に向かいますので、少しだけお待ちいただけませんか」
B「今から？　えーよ、えーよ！（笑）」
というようなやりとりがあり、お互いに笑い話でチャンチャンとなった。以来、I巡査長は「あした」とか「しあさって」とは言わず、「明日○日の午前○時」とか「しあさって○日の午後○

時○分」というように日時をより確認するようにしている。

こうして「ささって」をめぐる二つのエピソードを通して、山口県出身の松野さんと津出身のA夫さん、それに神奈川県出身の松阪警察署員と松阪出身のBさんのように、三重県人と他県出身者が「しあさって」に会う約束をすると、思いがけない「ささって」が入り、一日ずれて誤解が生じやすくなるという教訓を得た訳である。なお、「ささって」については、「方言ミニ知識13」でも紹介している。

「お肉、**いろてみ**」…三重弁に戸惑う留学生

伊勢市の皇學館大学は、中国の河南大学、河南師範大学と提携を結んでおり、それぞれの大学で二年間日本語を学んだ学生たちが編入してくる。現在男子四名、女子十六名の合わせて二十名の中国人留学生が在籍していて、日本人の学生たちともすぐに仲良くなり、充実したキャンパスライフを送っている。

留学生たちに聞いてみると、三重県での生活がスタートして、彼らがすぐに気がつくことは、中国の大学で勉強してきた日本語との違いである。中国で学んだ日本語は標準語（今は共通語という）だが、キャンパスや町の中で聞く日本語は、ほとんどが三重のことば＝三重弁なので、初めの頃は耳慣れない言葉使いのため頭の回りに「?」マークが飛び交い、さっぱり意味の分からない言葉もあったという。

例えば、ことばの語尾につく「あしたは休講やに」の「〜やに」や、「これからバイトやねん」の「〜やねん」のほか、「そーなんや」「そーやろ?」「なんでそんなんなん?」など聞いたことがない表現に留学生たちは戸惑ったり、驚いたりした。

また、アルバイト先で耳にした「お肉、いろてみ」や「タオルをバケツにポイして」などは彼らの日本語の理解度を越えていた。「寝ている」を「寝とる」といい、「食べられない」を「食べられへん」とか「食べられやん」というのを初めて聞いた時は、「これも日本語?」と三重弁ショッ

クを受けたそうだ。

「お肉、いろてみ」を共通語にすると「お肉にさわってみて」となる。「お肉、いろてみ」の動詞の基本形は「いらう・いろう」で、古語の「いら（弄）ふ・いろふ」から。「いらう・いろう」は「さわる・いじる・もてあそぶ。なぶる」という意味。大阪や京都でも三重県と同じように「お肉、いろてみ」というが、「せっかくきれいにこしらえたんや。汚い手（て）ーでいらわんといてや」「大事なもんやし、いろたらあかんで」などと、手に触れてほしくないものに触れられるのを嫌っていう場合にも使う。

留学生たちは、伊勢での生活が始まると「いろてみ」や「たべられやん」のような三重弁表現と毎日のように出合い、当初はみんな困ったという。

本物かどうか
いろてみ？
いややぁぁぁ

「きのうは、**わっけな**、よーけ、人がおったんさ」

津市出身で伊勢市に住むようになって十五年という喜多さんは、同市内の会社に勤める女性社員だが、筆者も初めて耳にする三重弁についてのエピソードを話してくれた

それは喜多さんが津市内の高校生だった頃の話だ。ある日、授業の休み時間に教室で仲の良い女友だちと楽しく話し合っていた時に、喜多さんが、

「そうゆーたら、きのうオープンしたショッピングセンターに行ったんさ。そしたら、わっけな、よーけ、人がおったんさァ」

と、昨日あったことを話した。

するとと友達は「ん?」という表情をして、明らかに言っていることが通じていない。「今なんてゆーたん?」と友だちが聞くので、「えーっと、『わっけな、よーけ、人がおったんさァ』てゆーたん」と答えた。「その『わっけな』て初めて聞いたけど、どーゆー意味?」と友だち。

喜多さんは当然分かると思っていたので、内心「えーっ?!」と驚いたのだが、「『わっけな』とゆーのは『とても』とか『すごく』とか『大変』ゆーことやんか。せやから『ショッピングセンター行ったら、えらい、よーけ人がおった』ゆーことやん」と詳しく説明し、「わっけな」問題は解決した。

ちなみに「わっけな」は、松阪市では「わっけん」、度会町では「わっけん、わっけに、わっけね」と言い、「とても、すごく、たいへん」の「わっけな」と全く同じ意味。「わっけん痛い」（松阪）とか「わっけにうまい料理や」（度会）などと言う。

「わっけな」に限らず、同じ市内（地域）に住んでいても、ある方言が通じないことは時々あるが、これは核家族化によって、昔のように三世代同居でお年寄りから方言を学ぶという家庭環境がなくなっていることや、学校教育でも地域の方言を学ぶ機会がほとんどないという背景があるようだ。

わっけな
人がよーさんおるわ

「これ、**とごっとんで、**まぜやなあかんなぁ」

津市出身のY子さんが、以前ホテルでアルバイトをしていた時の忘れられない「とごる」体験談である。

それは、今から六、七年前のことだった。当時Y子さんは、津市内のホテルのレストランでウエイトレスのアルバイトをしていた。ある日、レストランのお客さんの注文で「オレンジジュース」のオーダーがあり、厨房で女子新入社員のB子さんが透明のピッチャーからコップにジュースを入れようとしていた。

良く見るとピッチャーの中のオレンジジュースが分離し、底の方にやや濃くなった部分がたまっている。Y子さんは、女子新入社員のB子さんにこう言った。

「これ、とごっとんで、まぜやなあかんなぁ」

しかし兵庫県出身のB子さんには、これが分からず、「とごっとんで、というのはどういうことですか?」と聞くではないか。

まさかそんなことを聞かれるとは思いもしなかったY子さんは「えーっ?! とごるって、分からんの? これ方言? う～ん沈殿しとるとか、沈むとかいう意味なんさ。私としては、その言い方もあんまりしっくりこやへんけどな」と説明した。このような知られざるやりとりのあと、オレンジジュースはお客さんのテーブルに無事届けられた。

この時のやりとりを通して、「とごる」が三重県の方言であることと、同じ近畿方言圏の人にも通じないことを学んだのだが、この三重弁エピソードを思い出して「テヘへ！」と頭をかくY子さんだった。なお「沈殿する・底にたまる・よどむ」という意味の方言「とごる」は、三重県以外ではご近所の奈良県宇陀郡と和歌山県でも聞かれる。

「ほる」シリーズ・その1

「いらん紙　ほっときますね?!」「捨てといて！」

鳥羽市出身で、おばあさん、お母さんとともに親子三代海女さんという中川静香さんも、三重弁エピソードの持ち主だ。彼女は皇學館大学在学中から、かわいい海女さんとしてテレビ・ネット・新聞・週刊誌などで相次いで紹介されている人気者。ミス伊勢志摩グランプリや鳥羽市キャンペーンガールに選ばれたほか、最近では松阪市ブランド大使なども務め、三重県の魅力をアピールする活動にも取り組んでいる。年間八〇日の海女さんの仕事のほか、大阪の会社にも通勤しているが、現在は背の高いイケメンの夫と新婚生活を送っている。

実は、大学時代の彼女も「表現演習Ⅱ」の授業で「これぞ三重弁アンケート調査」に参加しているが、今回は新しいエピソードを紹介してくれた。中川さんが勤めている大阪・天満橋の(株)フーズ・クリエーションは、ジャズドリーム・ナガシマのフードコートを経営する会社だが、ある日オフィスでこんなやり

人気海女・中川静香さん
（写真提供・鳥羽市観光課）

とりがあった。
並んでいるデスクの上に必要なさそうな資料が目についたので、男性の上司に「この紙いらないんですね?」と聞くと「ああ、いらんいらん」と答えた。

「じゃぁ、ほっときますね」

と彼女。すると上司は「なんで、いらん紙ほっとくん? 捨てといて」という。中川さんは「ほっとくのも、捨てとくのも、おんなじ意味やん?!」と心の中で思いながらも「えっ?あ、すんません、そしたら捨てときます」と素直に指示に従ったのだった。しかし彼女はこの時、「ほっときますね」を「放っておきますね」ととられたかなと思ったという。

三重弁も近畿方言なので、京・大阪ことばの辞典類を見ると、①ほる=投げる、捨てる、放置する。「ゴミをほる」「ゴミほっといて」②ほかす=捨てる。「そこのゴモクほかしてんか」……と載っている。やりとりの中の「ほっときますね」は、言った本人は「捨てる」意味だが、上司が関西の出身としても「放置する」と理解する地域かも知れず、あるいは上司が他県出身で語感的に「放っておきます」と聞こえたのかも知れない。

「ほる」シリーズ・その2

「このゴミ、**ほっといてくれ！**」

似たような体験談がある。岐阜出身で皇學館大学の学生だったG君がアルバイト中のことだった。ある日バイト先のコンビニで、店長に、

「このゴミほっといてくれ」

と言われた。しかし彼は「放っておけ」という意味だと思い、そのままにしていたら、しばらくたって怒られたそうだ。

「ほる」シリーズ・その3

「これ、**ほったって！**」「はい、**ホタテ**です」

中国人留学生たちも様々な三重弁体験を重ねているが、その中でも「ほったって事件」は決定

的な誤解バージョンである。それは、河南省出身の男子留学生D君が、おかげ横丁にある、観光客向けの食堂でアルバイトをしていた時の忘れられない体験談である。

彼にとっては、日本で初めてのアルバイトだったので、店の人から指示される仕事は何でも一生懸命にやろうと頑張っていた。そんなある日、店の人が売れ残った商品をD君に手渡しながら

「これ、ほったって!」

と言った。

ほったって?。初めて「ほったって」という奇妙なことばを聞いたD君は、この店に「ホタテのから揚げ」のメニューがあるので、「ホタテを持ってこい」と言われたと思いこみ、すぐに冷蔵庫からホタテを取り出して、店の人に「はい、ホタテです」と言いながら手渡そうとした。店の人は、しばしあっけにとられたあと、笑いながら「ほったってとゆーのは、ホタテやのーて、捨ててとゆー意味なんや」と説明してくれたので、D君の三重弁ノートには新たに「ほったって」が書き入れられたのだった。

「ほる」シリーズ・その4

「帰る前に、必ずゴミをほること!」「ゴミを掘る?」

D君と同学年の中国人留学生のM君は、ファミレスでアルバイトをしていたが、初めのころ先輩が、

「バイトが終わって帰る時は、その前に必ずゴミをほること!」

と教えてくれた。

しかし「どうしてゴミを掘る必要があるんだろう?」とM君は不思議に思った。ひょっとすると、ゴミの中に何かがあるのだろうかと考えていた時、その先輩がゴミ箱からゴミ袋を取り出して、新しいゴミ袋をゴミ箱に取り付け、元のゴミ袋を店の外のゴミ収集所に捨てた。その時、初めて「ゴミを掘る」のではなく、「ゴミを捨てる」ということが分かったM君だった。

「いま、お米かしとる」「平成の時代にまだ米の貸し借り?」

四日市市に住むS夫さんが高校時代に、同じ市内に住む友人から初めて聞いた三重弁についての思わず笑ってしまう誤解エピソードである。

S夫さんが高校三年生だったある日、小学校時代からの親友T君と久しぶりにメールでやりとりをしていた。S夫さんが「長いことおうてへんから一緒に遊ぼ。これからうちにこやへん?」と聞くと、T君は「ええよ!」と答え、「ほんならS君とこ、三時ごろに行くわー」ということになった。

その少しあと、T君の携帯に外出中の母親からのメールで、「帰ってからごはんの準備するつもりやったけど、ちょっと遅れるから、あんた、お母さんが帰るまでに、お米かしといてくれる?」というメッセージが入っているのに気づき、やれやれと思いながら、台所で「お米をかす」作業、つまりお米を洗い始めたのだった。

三時二〇分を過ぎてもT君が来ないので、S夫さんは「何しとんの?遅いやん」とメールを送った。するとT君から、

「ごめん、今ちょっとお米かしとるから、遅れるわ」

という返事が届いた。これを見たS夫さんは内心、「この平成という時代に、まだ米の貸し借りなんかやっとんのか」と思ったが、取りあえず「分かった」と返事をした。

遅れてやってきたT君に、S夫さんは「待っとったぞー。今どき珍しいことやなー。一体誰に米なんか貸しとったんや？」と尋ねた。それを聞いたT君が目を丸くし、びっくりした表情は、今でも忘れられないという。

「米を淅（か）す」ということばは、「米を洗う・米を研ぐ」の意味で、平安初期の漢和辞典『新撰字鏡《しんせんじきょう》』や『類聚名義抄《るいじゅみょうぎしょう》』、鎌倉初期の仏教の思想書『正法眼蔵《しょうぼうげんぞう》』などに登場する古語だが、今もこのように現役の方言として活躍し、時には誤解エピソードを生んでいる訳である。「米をかす」もそうだが、同じ県内や同じ市内でも、知っている人と知らない人がいるのが「方言」の特色でもあり、面白いところでもある。

「『のー』ってニックネームですよね?」

松阪市出身で三重交通南勢旅行支店に勤務する脇田智行さんは、初めて耳にした三重弁の「のー」を勘違いし、笑い話になったことがある。

脇田さんは、津市出身のG子さんと結婚して以来、毎年お正月やお盆の時期に、G子さんの両親の家を訪れることにしている。両親の家に行くと、いつも南伊勢町出身の義父と義理の叔父が兄弟仲良く酒を飲んでいるのだが、そんな時には、義理の叔父が義父に対して、「子供の頃、のー、よーいたずらしとったなー」と言ったり、あるいは「のー、最近ちょっと太ったんとちゃうか?」と言ったりしている。義父の名前が「みのる」なので、昔からの義父のニックネームとして、省略して「のー」と呼んでいるに違いないと勝手にそう思い込んでいた。

やがて結婚してから数年後のお正月に義父の家を訪ねた時も、酒を飲んでいた義理の叔父が義父に、しきりに「のー」と呼んでいるので、脇田さんは思い切って尋ねてみた。「あのー、『のー』って、お義父さんのニックネームなんですよね?」。一瞬間があって部屋の中は大爆笑に包まれた。

お義母さんが笑いながら、「南伊勢町の宿田曽《しゅくたそ》では、昔から『お前』のことを『のー』と言うんやよ」と説明。義理の叔父さんは「そうや、なんで俺が兄貴のことをニックネームで呼ばなあかんのや?」というと、お義父さんも「そやなア、こいつにニックネームで呼ばれたら気持ち悪いがな」と笑顔で答えた。

「そうですね」と照れ隠しの苦笑いをしていた脇田さんは、生まれも育ちも松阪市なのに、聞いたこともない「のー」ということばの意味に、つくづく三重県は広いと感じたのだった。

ちなみに「のー」は、お義母さんが説明した通り「お前」とか「あなた」の意味で、「のー、何しとるのん?」（志摩）「のーの番やよ」（志摩）とか、「これから、のーとこの家行くわ」（度会）とか、「のは、何したいん?」（伊勢）などと、南勢地域を中心に使われている。

「食べやんせ！」日系二世のエリンダさん「タベヤンセ？」

ブラジル出身で日系二世の大学の先生も、初めて聞いた亀山のことばに「？？」だったことがある。皇學館大学でポルトガル語を教えている非常勤講師の伊達エリンダ幸江さん（以下エリンダさん）がその人。

エリンダさんは、一九八〇年にサンパウロ大学からの研修生として初めて日本を訪れ、神奈川県の東海大学医学部で免疫の研究に取り組んでいた。その年の十一月下旬、同じ神奈川県にある東京農業大学の実践的に農業を学ぶサークル「志雄塾」恒例の収穫祭とあわせてブラジルなどに実習や研修に行く五人の学生の送別会が、大学の寮で開かれ、知人に誘われたエリンダさんも参加した。

寮の大広間は参加者たちで楽しく盛り上がっていたが、ストーブから離れた場所に坐っていたエリンダさんのところへ、亀山市出身の学生で寮生の伊達亀嘉（きよし↓以下きよし）さんが近づき、自分のジャンパーを脱いでかけてくれた。彼女は「何て優しい人」と思ったそうだが、この日をきっかけに二人は仲の良い友人となった。

やがて二年半の研修期間が終わりに近づいたころ、きよしさんはエリンダさんに「帰国する前に一度亀山の僕の家に遊びにおいで」と誘った。当日エリンダさんがきよしさんの実家を訪れると、ご両親は大歓迎。

四人でテーブルを囲み、お母さん手作りのご馳走を前に、お父さんが声をかけた。

「エリンダさん、さぁどうぞ、食べやんせ！」

「タベヤンセ？」彼女は初めて聞いた日本語だったので、「お父さんは何て言ったのですか？」ときよしさんに聞いた。彼は「どうぞ、召し上がって下さい」という意味の亀山の方言なんだと説明。さらにお父さんは、エリンダさんのコップにビールを注ぎながら、「さぁ、もっと、飲まんせ！」という。彼女は「ノマンセ！」も分からず、きよしさんに助けを求めた。

その後、エリンダさんは帰国し、二年後に再び来日した。そして二人はめでたくゴールイン。きよしさんは、お父さんのあとを継いで、お茶の生産や加工業に携わるようになって長く、現在も多忙な日々を送っている。夫婦の間には、成長した長男、長女、次男がいる。日本の生活が長くなったエリンダさんにとって、日本語のヒヤリングもスピーチもほとんど支障はないが、お父さんの言った「食べやんせ！」と「飲まんせ！」は、三十五年たった今でもとても強く印象に残っていて、懐かしい思い出だという。

「食べやんせ」に見られる「やんす」は、動詞の連用形につく助動詞で、尊敬と丁寧の気持ちを表している。「やんす」ことばは、もとは近世上方の遊里語、つまり上方の遊郭で使われていた遊女のことばだったが、江戸後期には江戸の町でも一般に広がりを見せ、男性も使うようになった。

活用は「やんせ（やんしょ）・やんし・やんす・やんす・やんせ」。語源については「やしゃんす」の変化とも、「あります」→「やります」→「やりんす」からとも、「あんす」からとも言われ、諸説がある。

ちなみに、亀山市教育委員会の石垣忠さんに聞いてみると、「やんす」ことばは、親せき同士なら使うが職場の上司などには使わないとのこと。

「食べやんせ」「飲まんせ」の他にも「見やんせ」「聞かんせ」「話さんせ」「歌わんせ」「笑わんせ」「怒らんせ」「座らんせ」「歩かんせ」「通らんせ」（「通りゃんせ」とは言わない）「走らんせ」など地元では日常的なことばだという。古語が方言として定着した一例だろう。

さあさ
もっと飲まんせ
花魁でありんす
オ母サンハ
元オイランデスカ?

「えらい車がつんどった!」「わっ!すごい事故だったんだね?」

名古屋出身の元放送タレントで、現在は菰野町に住む主婦の早野まゆみさんが、独身時代に体験した「車がつんどった」事件である。

当時名古屋市に住んでいた早野さんは、父親の転勤の都合で四日市市内に引っ越した。その頃、知り合った同じ四日市の女友だちのC子さんと、ある日近鉄の四日市駅近くの喫茶店で待ち合わせの約束をした。ところが、当日彼女はなかなか姿を現さない。

やがて遅れてやってきたC子さんがこう言った。

「お待たせー。ごめんね。二〇分も待たせて。道路、えらい車がつんどったんさー」

これを聞いて「わっ!すっごい事故だったんだね!」と早野さん。するとC子さんは「ええっ?!」とやや戸惑いながらも「こんなん、いっつもやで」とこともなげに答えた。

さらに早野さんが「事故で車が積み上がったって、相当大規模な事故だよね?!」と聞くので、C子さんは「ええっ?なんで?!」という状態になった。どうもかみ合わない話にC子さんが気づき、「あのね、三重県民は、『車が混む』とか『渋滞する』のを『車がつんでる』って言うんよ」と説明し、やっと早野さんも理解できたのだった。

筆者にとっても三重弁を知るきっかけとなった「つむ」だが、県内では北勢から東紀州まで広範囲に活躍中。語源は古語の「詰む」。「込み合う・混雑する」という意味の方言としては、三重県以外では、京都市・大阪市・奈良県・和歌山県・香川県にも分布していると方言辞典に出ている。古い時代には使われていたのかも知れないが、大阪市出身の筆者は地元では耳にしたことがない。「つむ」は三重県人が自慢できる特産品である。

車がつんどるわ
なんでそんなことに？

「えらい」シリーズ・その1

「あー、えらいなー」「偉いって誰が？」

鳥羽市出身で三重県広聴広報課の岡本悟さんが、東京で体験した「えらい」と「偉い」の勘違い事件、いや、勘違われ事件である。

今から二十年ほど前、岡本さんが県庁の情報システム関係のセクションに所属していたころ、全国四十七都道府県が参加するＩＴ関連のイベントが東京で開かれることになり、三重県のブースを出すため出張したことがあった。

イベント当日の朝、会場内のブース・スペースに三重県の関係者が数名集まり、プレゼン用のパソコンやＩＴ産業関連の資料などを展示するため、みんなで机や椅子などを並べていた。岡本さんは、ＩＴ資料や三重県の観光パンフレットなどの入った重い段ボール箱を運びこみ「どっこいしょ」と所定の場所に置いたあと、腰のあたりを押さえながら、思わず、

「あー、えらいなー」

と言った。

すると、東京の業者のスタッフが「偉いって、誰がですか？」と聞くので、「いや、そーゆー

ことやなくて、えらいとゆーのは、しんどいとか体が疲れているとゆーことなんです」と説明。その人は「へー、三重ではそーゆうんですか」と驚いたので、「たぶん、三重弁とちゃいますかね」と答えたという。

「えらい」シリーズ・その2

「今日はえらかったー！」「自分が偉い？」

伊勢市出身のD子さんも、皇學館大学の学生だった頃に「えらい」エピソードを体験した一人だ。ある日、D子さんは朝から四科目授業を受け、そのあと夕方からは排球部（バレーボール部）の練習に参加した。

夕日の中、大学キャンパス内の坂道をランニングしたり、次から次へと飛んでくる先輩のサーブを受けたりするハードな練習でヘトヘトになったD子さんは、汗をぬぐいながら部のマネージャーのE子さんにこう言った。

わたくしは
えらいのじゃ
でしょうね。

「今日はえらかったー。ほんま私、今えらいんやけど!」

するといと関東出身のE子さんが「何、自分で偉いって言ってるの?」と聞き返すので、疲れもあって「ええっ?!」と訳が分からなくなるD子さんだった。

「えらい」シリーズ・その3

中国人留学生も「あー、えらかった!」に「??」

皇學館大学に学んでいる中国人女子留学生Hさんが、新鮮な魚介類を扱う店でアルバイトをしていた時の三重弁体験談だ。金曜日の夕方、ちょうど仕事が終りかけの頃、Hさんのそばにいた従業員のおばさんが、一日の疲れからか、「あー、えらかった!」と言った。するとHさんは、慌てて首を振りながら「いえ、そんなことはありません。誰にでも出来ることです。偉いなんて本当に恥ずかしい」と謙遜しながら答えた。

これを聞いたおばさんは急に笑い出して「Hさん違うんや。『えらかった』とゆーたんは、『疲れた』という意味でゆーたんやに」と解説した。Hさんの顔は赤くなり「あの時はとても恥ずかしかった」と話す。

『広辞苑』を見ると、「えらい」には、①すぐれている、人に尊敬されるべき立場にある、②普通の状態より程度が甚だしい、ひどい、③思いもかけない、とんでもない、④苦しい、つらい、痛いという四つの意味がある。

①の場合は、「ノーベル賞を受賞した大隅良典名誉教授は偉い人だけど、謙虚なところがまた偉い」、②は「今日はえらい寒いなぁ」、③は「えらいことになっちゃった」、④は「今日はアルバイトかけもちでえらいわ」とか「この急な階段、かなりえらいなぁ」などという。

このうち東京を含む関東地方の出身者は、主に①②③の意味で「えらい」を使うが④の意味では使わない。一方、三重を含む中部地方や関西地方の出身者は、①②③④全てを使い分けるが、特に④の「疲れる」意味で「えらい」を良く使う。「方言ミニ知識3」の「これぞ三重弁ベスト20」でも「えらい」は堂々の三位にランクされている。中国人留学生の場合、中国の大学で日本語の標準語を学んでくるので、「えらい」は「偉い」と理解することになる。このようなことから日本人でも外国人でも、「えらい」誤解が生まれるのである。

「テレビ、**やぶれたんと**ちゃう?」「テレビが**破れる**?」

度会《わたらい》郡度会町出身で某市役所勤務のエリナさんが小学生の頃の話だ。大阪に住むいとこのだいち君が夏休みにエリナさんの家に遊びに来ていた。エリナさんと妹のマリコちゃん、それにだいち君の三人が、お菓子を食べながらテレビをみていると、画面が一瞬乱れ、そのあとも何度か画面が斜めになったりゆがんだりして見にくくなった。

だいち「あれっ！なに、この画面?! なかなか戻らんなァ」
エリナ「そうなん、このテレビ古いもんで、最近時々画面が乱れるんさ」
マリコ「テレビ、やぶれたんとちゃう?」
だいち「えー!! テレビが破れる? ひょっとして、このテレビ、紙で出来てるんか?!」
エリナ「紙なんかで出来てへんよ。なんで?」
だいち「そやかて、『テレビやぶれた』て、ゆーたやんか?」
エリナ「テレビ、やぶれたてゆえへん?」
だいち「そんなこと、ゆえへんでー」
マリコ「早い話、テレビ、こわれとるゆーことやん」
だいち「あ、そーゆーことやったんか?」

そんなやりとりをしているところへ、志摩から遊びにきていた親せきのゆうや君が加わった。

ゆうや「ぼくのとこの志摩やったら、『テレビ、やぶれる』とはゆわへんなァ。『テレビ、うちゃる』てゆーけどな」

だいち「なんや、またややこしいのが出てきたなー。どっちにしても『テレビが故障してる』とか『こわれてる』ゆーことやろ?!」

エリナ「そうそう。うちら普通に『テレビ、やぶれた』ゆーとるけどな」

だいち「それ、ほんま、珍しいで」

「やぶれる」を、方言辞典で見ると、①破れる、②壊れる、③無法な行為をする・暴れる、④子どもがむずかる、⑤上手くいかない・出来そこなう……の意味

そのTV
やぶれたんと
ちゃうか?
なんぼ薄型でも
それはないわ。

が出ている。このエピソードの場合、②の「壊れる」に当たる。

昔のブラウン管テレビは、故障すると画面が時々乱れ、斜めに線が入ったり、画像がゆがんでしまったりしたものだ。そんな時、今から考えると乱暴なのだが、テレビ受像機の側面をたたいたりして、偶然画面が普通に戻ったりしたこともあった。

「家のカドで待っとって」と言われたのだが…

待ち合わせの場所は「家のカド」だったが、「家の角」なのか「家の外」なのか、デートを前に、かみ合わなかった二人の話を紹介しよう。

愛知県出身のC夫さんは、デートの約束をした日曜日、ガールフレンドのF子さんが住む四日市市に車で向かい、やがて農村地帯にある彼女の家の近くまでやってきた。事前にF子さんが、

「家のカドで待っとって」

と言っていたのを思い出し、その通り彼女の自宅の角に車を止めて待っていた。

間もなくF子さんが家から出てきて、「そんなとこで何やっとんの？」と聞く。C夫さんは「家のカドで待っとってと言ってたから、ちゃんと家の角で待ってたんじゃない！」と答えた。

すると彼女は「カドって、そういう意味やないやん」という。「だから家の外の角だろう？」とはC夫さん。F子さんは「田舎の家は広いから、家のカドは、直角の角やない。早い話が家の外のことやんか」と説明。しばらくかみ合わないこんなやりとりが続いたが、結局二人はにっこりと笑顔を見せながら、楽しいデートに出発したのだった。

「家のカド」は「家の門」とも「家の角」とも書く。柳田國男監修の『民俗学辞典』には「家

の前の空き地、乾し場、作業場になる場所をカドといっている例が至って多い」とある。また『江戸語の辞典』（前田勇）には、カド＝家の前、門の前。『新版・大阪ことば事典』（牧村史陽）には、カド＝家の前、屋敷の入口、門口。『大阪ことば辞典』（堀井令一郎）には、カド＝家の前「カドで遊んどいで」と出ている。「京ことばとその周辺」には、カド＝家の前、家の外、門口。「お天気、えーにゃさかい、カドで遊びよし」と出ている。

こんなことから、この場合の「家のカド」は、「家の角」ではなく、「家の門」と見られ、家の前、門の前、門口を指していることになる。

「たろて」シリーズ・その1

「机の上のあれ、たろてー!」「どーゆーことや?」

三重弁の中には、同じ三重県出身者でも意味が分からないことばがある。「たらう」もその一つだ。これは、伊賀市在住のH君が、伊勢市に住むG子さんの自宅に遊びに行った時の「たろて事件」のてんまつである。

H君とG子さんは、毎日デートするほど仲の良いカップルだった。ある土曜日の昼前、G子さんの家を訪ねたH君は「来たよー」と言いながら、すぐに彼女のいる台所に入り込んだ。ちょうどG子さんは、彼のためにお昼ごはんの野菜炒めを作っていて、手が離せないので、H君に、

「ちょっと、棚の上にある、あれ、たろてー」

と頼んだ。

棚の上には、野菜などを入れる料理用のボールがあったのだが、G子さんが「ボール」と言わずに「あれ」と言ったため、もともと「たろて」ということばを聞いたことがなかったH君は、「あれ」というのは「たろて」というものなんやと思い込み、適当に相づちを打ちながら何もしなかった。

するとG子さんは、聞き流されたと思ったのか、少しむっとした表情を見せながら、「早よ、

たろて！」とやや強い口調で催促した。しかし意味の良く分からないH君は「それは一体どーゆーことなん？」と尋ねた。一向にらちの明かないやりとりにいら立ったG子さんが、「そやで、たろてゆーてんのに、分からへんの？」と聞くと、「うん、分からへんわ」という。

彼も同じ三重県出身なので、当然「たろて」は分かると思っていたのだが、分からないことが分かったので、「あのね。私は料理していて手が空いてないから、あれたろててゆーたん。『たろて』ゆーのは『取って』ゆーこと」とG子さんが解説し、納得。H君は、彼女が作ってくれた野菜炒めを食べながら「おいしいわ。そやけどおんなじ三重県やのに分からんことばがあるもんやなぁ」と驚いたり感心するのだった。

「たろて」シリーズ・その2

「ちょっと、おこーこ、たろて」

鳥羽市出身のM夫さんも、昔おじいちゃんから「たろて」を学んだという。M夫さんは小さいころ、おじいちゃん、おばあちゃんの家が自宅の近くにあったので、学校帰りに良く遊びに寄っていた。

夕食をおじいちゃんの家でたべることも時々あり、食事の時に、おじいちゃんがおばあちゃんに、

「ちょっと、おこーこ、たろて」

とよく言っていたそうだ。その頃は「おこーこ」や「たろて」が何のことか分からなかったが、やがて「沢庵を取って」という意味だと分かるようになった。M夫さんは、今でも「おこーこ」や「たろて」と聞くと、おじいちゃんの家の食事のシーンが目に浮かぶという。

三重弁の「たらう」には、エピソードのように「取る」という意味と、もう一つ「届く」という意味がある。「取る」の意味の場合、「ちょっと、リモコンたろて」とか、「そこのマヨネーズたろて」などと言い、「届く」意味の場合は、「タンスの上の箱、手《て》ーたらう？」とか「このプール、足たらわんでー」などという。「たらう」の否定形「たらわん」を、「たらわない」とか「たらわへん」と言う人もいる。

県内出身の学生たちを対象に調べてみると、「たらう」を「取る」という意味で使う地域は、鈴鹿・津・多気・伊勢・鳥羽・志摩など。「届く」という意味で使う地域は、鈴鹿・松阪・多気《たき》・玉城《たまき》・伊勢・度会などとなっている。

「取る」という意味の動詞「たらう」の語源などについては、よく分かっていない。「届く」という意味の「たらう」は、「たろて」の基本形「足《た》る」の未然形「たら」に接尾語の「ふ」がつ

いたもの。ルーツは古語の「足《た》る」と「足《た》らふ」で、「満足である、備わっている」という意味。また『日本方言大辞典』によると、「たらう」は①十分に足りる、不足なく揃う、②十分に届く、③満足するという意味が記載されている。

「ヘイハチ、殺さな!」「誰なん?」

同じ三重県内でも、地域や年代によって意味の通じない三重弁があるものだが、これは皇學館大学の学生だったP子さんが自宅で経験したヘイハチ事件である。

学校が休みのある土曜日、松阪市内のP子さんの家に、紀伊長島からおばあちゃんが久しぶりにやってきた。キッチンでお菓子を食べながら、小学校時代の夏休みに遊びに行った紀伊長島の海の楽しかった思い出話をしていると、おばあちゃんが急に大きな声で、

「ヘイハチ、殺さな!」

という。

P子さんがあっけにとられていると、「何やっとんのや!早よヘイハチ殺さな!」と叫ぶのだが、そんなことを言われても家の中には「ヘイハチ」なんていう人はどこにもいない。「ヘイハチって誰なん?」と聞くと、おばあちゃんはやにわに丸めた新聞紙でバシッと床をたたきながら、「これがヘイハチや!!」とまたも叫んだ。

床の上には、目を回した昇天寸前のゴキブリがいた。P子さんが「これ、ゴキブリやん」と言うと、「何も知らんのやな。これはヘイハチや!」と、獲物を仕留めた高揚感に包まれながら自

慢げに話すおばあちゃんだった。

ゴキブリについて人名のようなまぎらわしい呼び方をする方言の「ヘイハチ」は、学生を対象に実施した三重弁アンケート調査結果でも、四日市、津、松阪、度会、名張、紀伊長島、尾鷲と県内の広い範囲で愛用されていることが分かる。尾鷲では、「ヘイハチ」のほかに明治時代なら敬礼の対象にでもなりそうな「平八郎」も生息している。

「ヘイハチ」は、P子さんの住む松阪でも使われているが、年代によっては「ゴキブリ」と呼ぶ共通語化も進んでいる。同じゴキブリのことを伊勢・度会では「あまめ」と呼び、「冷蔵庫にあまめがおるがな」と言い、「めめす」と呼ぶ志摩では「めめすを殺す」と宣言する。また松阪では友だち感覚で「ごきやん」とも呼び、「きゃーー！ごきやん出たーー！」と大騒ぎになったりする一方、同じ松阪で「ひらた」とも言うので、呼ばれた平田さんが振り返ったりすることもあるという。

「わやく、しよったら、あかんよ!」

三重郡菰野《こもの》町出身で鈴鹿市に住むA子さんは、四日市市出身のB夫さんと、長男はる君との三人ぐらしだが、ある日「わやく」事件が起こった。

生後八か月のはる君は、ハイハイしながら何でも触ったり、口に入れたりするので、お母さんのA子さんは片時も目が離せない毎日である。ある日、ふと気がつくと、はる君がテーブルの下に落ちていた消しゴムを手にして、今まさに食べようとしている。とっさにA子さんは、

「はる君、そんなわやくしよったら、あかんよ!」

と言って、消しゴムを取りあげたので、その時は事なきを得た。

この様子をソファーで見ていたご主人のB夫さんが「また分からんこと、ゆーとるな」というような表情をしていたので、「今の通じてる?」と聞くと、「分からんけど、方言やろ?」という。A子さんは「わやくて、いたずらをするとか、余計なことをするとか、そーゆーこと」と解説。

A子さんの出身地菰野町と、B夫さんの出身地四日市は、同じ北勢地方にあり、車で二〇~三〇分の距離だが、「わやく」は通じなかったのである。ちなみに四日市在住の他の人に聞いてみると、「わやく」は分かるということで、同じ地域に住んでいても分かる人と、分からない人

が混在しており、これが方言のフシギなところでもある。

「わやく」の語源は、古語の「おうわく・わうわく（枉惑）」。その意味は、①道理がなく無茶なこと。無法。無理、②聞き分けのないこと。わがまま、③子供がわんぱくなこと。だが、このエピソードの場合は②や③に当てはまりそうだ。度会郡には「わやくもん＝怠け者」ということばもある。「わやく」は、三重県のほかに、千葉、愛知、富山、石川、福井、岡山、鳥取、島根、山口および四国、九州に広がっている。

そないにわやく
ばっかりして！
お絵かき
してただけやん

「やんやん」シリーズ・その1

「そんなん、**食べやんやん**」「それ面白い！」

伊勢市出身で会社員のSさんが、高校三年生の時に体験した「やんやん乱発」思い出エピソードである。

当時、東京の大学を目ざしていたSさんは、ある日受験に備え、東京のホテルに宿泊した。このホテルには、同じように大学受験のため北陸、中国、九州などからやってきた高校生たちも泊まっており、Sさんはすぐに友達になった。

夕方になり、Sさんと親しくなった他県の高校生たちが、ホテルのレストランで一緒に夕食をとっていた時、Sさんが「そんなん、食べやんやん」とか、「そんなこと、ありえやんやん」などと「やんやん」を乱発した。このため他県の高校生たちに「その、やんやんって、面白い！」と受けまくり、結果Sさんは「やんやん」とか「おーい、やんやん」と呼ばれるようになったという。

ぜんぜん
笹食べやんやん
ヤンヤンだよ
1日に12～16kgの笹や竹の子を食べるんだよ。

語尾につく「やん」は、大阪などでも「食べへんやん」「見えへんやん」などとひんぱんに使われている。しかし、三重県のように例えば「食べない（否定形）」を「食べやん」と言い、さらに語尾の連語としての「やん」をつけて、「食べやんやん」とダブルやんやんで表現するのは珍しく、語感的にも面白い。三重県人が誇るべき「やんやんことば」である。

「やんやん」シリーズ・その2

「こんな階段、登りきれやんやん」「やんが1個多くない？」

続いては、度会郡度会町出身で中京大学スポーツ科学部競技スポーツ学科3年生の浦井崚自さんが、高校時代に体験した「やんやんエピソード」である。

浦井さんは、現在一〇〇メートルを一〇秒六一で走る陸上の短距離選手だが、小学校二年生から始めて中・高・大と十三年間走り続けてきた。高校二年生の冬休みに、三重・愛知・岐阜・静岡各県と近畿地方の高校の陸上選手合せて約一五〇人が参加し、和歌山市近くの紀三井寺にある競技場を中心に三泊四日の強化合宿が行われた。

日本陸連が主催するこの合宿は、全国の各ブロックごとに行われる本格的なもので、紀三井寺の合宿の短距離部門でも中京大学の短距離コーチが指導に当たっていた。浦井さんを含め約四十人の高校生が参加した短距離部門では、コーチから練習メニューが配布され説明が行われた。練習メニューには、例えば競技場では「(二五〇m＋一五〇m＋一〇〇m)×三セット」とか、「紀三井寺の階段ダッシュ」などとハードな練習内容が書かれていた。

そして「紀三井寺の階段ダッシュ」の当日、お寺に行ってみると、階段が二三〇段もあり、急な上デコボコな石段が長いので一番上が見えない。ここを全速力で一気に駆け上がるのだ。

浦井さんは独り言で「ちょっと怖いなァ」とつぶやいたあと合宿中に仲良くなった友人二人に、

「こんな階段、ぜったい登りきれやんやん」

と言った。すると愛知県の仲間が「やんが一個多くない？」と聞く。浦井さんが「え、多いの？やんやんて普通ゆーで。ほんなら、なんて言うん？」と尋ねると、「そうだなァ、ぜったい登りきれんやん……かなァ」という。

その後の大会や、大学に入ってからも他県出身の学生と話してみると、確かに「やんやん」は全国的にあまり使われていないということが分かり、いらい「やんやん」を強く意識するようになった。浦井さんは、当面二〇二一年の三重国体を目標に、今日も走り続けている。

第二章
方言ミニ知識

三重弁は関西弁だという人もいれば、関西弁じゃないという人もいる。一体どっちが本当なんだろう。昔から伊勢弁と呼ばれているが、伊勢方言のエリアは北勢から中南勢まで実に広い。東西アクセントの境界線はなんと桑名市内の揖斐川にある。三重弁の「あんごー」（アホ・バカ）は、江戸時代の方言辞典『物類称呼』に登場している。三重県の特産品的方言「カエルのカンピンタン」は「蛙の寒貧短」と書く。「ささって」の「さ」は「さらいねん」の「さ」と同じ意味。三重県には、「手袋をはく」人が「手袋をはめる」人より多い。などなど今まで知らなかったことがよーくわかる「方言ミニ知識」の始まり、始まりー。

方言ミニ知識1

三重弁は近畿方言＝関西弁

三重県人は他県の人から「関西の人？」とか「出身は大阪？」などと聞かれることが多い。例えば、三重郡菰野町観光協会で長年活躍した坂倉さゆりさんもその一人だ。他県からの観光客に、同町の観光ポイントや民話にちなんだ場所をガイドしていた時も、坂倉さんの陽気で乗りの良い説明に観光客からは「大阪から来たの？」「関西の方？」などとしょっちゅう尋ねられたという。本人は「またか、なんでや？ここ三重県やんか」と思ったそうだが…。

また四日市市出身で今は埼玉県に住むB子さんは、高校三年生だった夏に名古屋で行われた公務員試験対策講座に参加した。その時会場で仲良くなった名古屋市に住む女子高校生たちと話しているうちに、「なんでB子さんは、大阪弁しゃべるの？」といわれたそうだ。しかし、このように言われた三重県人の中には「三重弁は関西弁やないで」とか「大阪弁とはちゃう」と思う人もいるようだ。

そういえば、三重県は中部なのか近畿なのか、以前からあいまいだと言われてきた。天気予報の場合、三重県は東海地方の中で紹介されている。しかし二〇一七年六月一〇日付けの新聞報道によると、お役所によっては所属が中部になる場合と近畿になる場合がある。かと思うと、三重県知事は中部圏知事会と近畿ブロック知事会の両方に所属している。三重県としては「統一的な基準はなく、中部地方にも近畿地方にも属していると考えている」と説明している。

このように三重県は微妙な立ち位置にあるようだが、ことばに関して言えば、三重県の方言＝三重弁は、方言区画上「近畿方言」に属していて、基本的なことばのありようから見ると「関西弁」と言っても良いと思う。

「近畿方言」のエリアは、兵庫県（南部）、京都府、大阪府、奈良県、和歌山県、三重県、滋賀県、福井県（嶺南地方）の二府六県である。「関西弁」と言われるエリアは、近畿方言エリアとほぼ重なっていると考えられるので、この中に、神戸弁、大阪弁、京都弁、近江弁、奈良弁などと共に、三重弁も含まれている訳である。

各地の方言には、①語彙（単語）②音韻 ③語法（文法）④アクセントという四つの言語的な要素がある。大阪や京都のことばを中心とする近畿方言＝関西弁には特徴として次のような具体例があるが、三重弁の場合もほぼ共通しているはずなのでチェックしてみてほしい。

①使う 語彙の具体例
◇あかん、あほ、いらう、ええやん、えげつない、えらい、おおきに、おちょくる、おはようさん、おばちゃん、おもろい、おる、かしわ、かまへん、けったいな、こける、しゃーない、しょーもない、しんどい、そこそこ、そや、ちゃう、どんくさい、なんで、なんや、はよ、ぼちぼち、ほる（ほかす）、ほんま、やっとる、ややこしい、よーけ、よっしゃ

②音韻＝一音節（＝一拍語）の語彙を伸ばして発音する

◇歯＝はー、痛い　◇目＝めー、かゆいんや　◇手＝てー、つないでな
◇蚊＝かー、おるで　◇火＝ひー、消して　◇戸＝とー、しめてや

③の１　語法＝否定の助動詞「ない」が「へん」になる（三重では「やん」も使う）
◇行かない＝行かへん・行けへん　◇食べない＝食べへん（「食べやん」）
◇寝ない＝ねーへん（「寝やん」）　◇歩かない＝歩かへん

③の２　語法＝ウ音便になる
◇言った＝ゆうた　◇会った＝おうた　◇買った＝こうた

③の３　語法＆音韻＝形容詞の語尾の「い」を省略する（場合もある）
◇寒い＝さむ！　◇あつい＝あつ！　◇短い＝みじか！　◇高い＝たか！

③の４　語法＝助詞を省略する
◇「山田さんは京都へ行ったんか」＝「山田さん京都行ったんか」
◇「おばあちゃんが怪我をしてん」＝「おばあちゃん怪我してん」

③の５　語法＝繰り返して言う

◇ちゃう（違う）＝ちゃうちゃう　◇あかん（駄目）＝あかんあかん
◇行こ（行こう）＝行こ行こ　◇はい（返事の言葉）＝はいはい

④アクセントの具体例（左の二線譜ように下の線をド、上の線をミの高さで発音する）
東紀州を除く三重県内のアクセントは、基本的には京阪アクセントであり、例えば左の二線譜のように発音している。ただし、語彙によっては異なるアクセントの場合もある。

◇雨が降る
（ミ）　め
（ド）あ　がふる

◇おもろい話やなァ
（ミ）おも　は
（ド）　ろい　なしやなァ

◇今日はええ天気や
（ミ）　う　　て
（ド）きょ　はええ　んきや

◇触ったらあかんで
（ミ）さ　　あかん
（ド）　わったら　　で

◇そんなん、ええやんか
（ミ）そん　え
（ド）　なんえ　やんか

以上の特徴のうち③の語法に関連する他の例をあげてみよう。動詞「来る」の否定形「来ない」を関西各地の方言では、どう言うのだろうか。例えば京都では「きーひん」が多く、「きやへん・けー

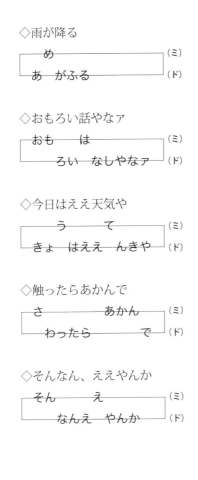

へん」も聞かれる。大阪では「けーへん」が多数派で、「きやへん・きえへん・こーへん」もある。大阪弁の中でも摂津弁の筆者は「きえへん・けーへん」派である。神戸は「こーへん・きやへん・こん」、滋賀は「きーひん・きやしん・こーへん」である。

そして三重では、「先生、まだこーへん」「先生、まだこやへん」「先生、まだこやん」をはじめ「先生、まだけーへん」「先生、まだきやへん」「先生、まだきーひん」「先生、まだこん」などとバリエーションは豊かである。中でも「こやん」はどこにも見られない個性派だが、トータル的には同じ関西語法が広がっていることを示している。このように、三重弁は基本的に近畿方言＝関西弁と共通した言語的な特徴（DNA）を備えており、大阪弁や京都弁などとは親せき関係にあることが分かる。

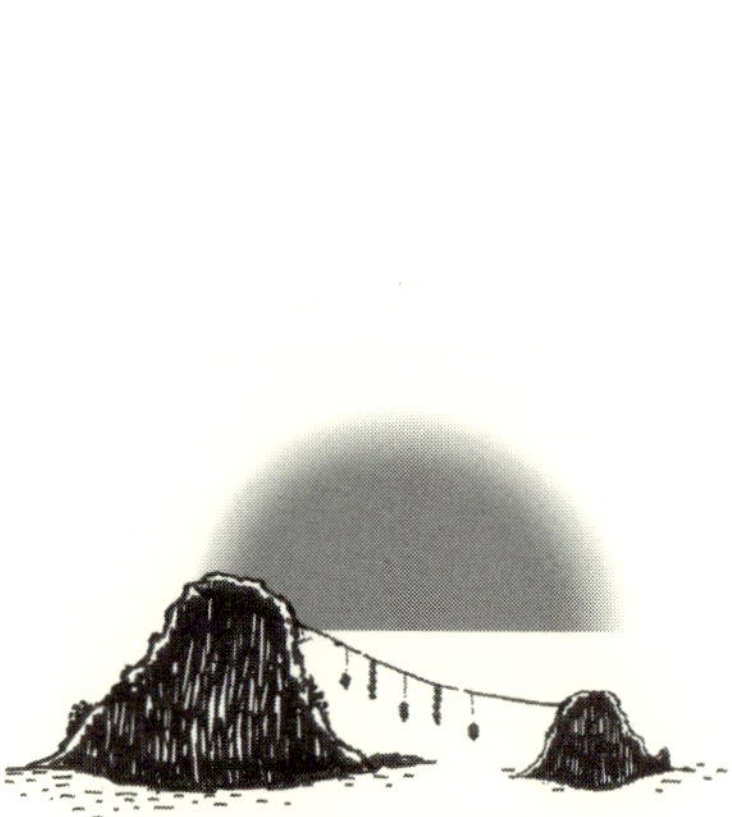

方言ミニ知識2

伊勢方言は、いなべ市から伊勢市まで広域の方言

「三重弁は近畿方言＝関西弁」でも触れたように、三重県の方言は近畿方言に属し、大きく伊勢方言、伊賀方言、志摩方言、東紀州方言の四方言に分かれている。

このうち伊勢方言は、単に伊勢市の方言ということだけではなく、エリアとしては、いなべ・桑名・四日市・鈴鹿・亀山・津・松阪・伊勢の各市と度会・多気両郡を含めた広域に及んでいる。また伊賀方言は、伊賀・名張の両市、志摩方言は鳥羽・志摩の両市、そして東紀州方言は、尾鷲・熊野の両市と北牟婁・南牟婁両郡にまたがっている。

伊勢方言のアクセントは京阪式、語彙は近畿方言が中心だが、「(机を) つる」「だだくさ」「ケッタ」など愛知・岐阜の方言と共有しているほか、「えらい」「おる」「かしわ」「こすい」「どべ」「やっとる」「ようけ」などの近畿方言から愛知・岐阜に広がる広域方言を共有している。「今日なー、お母さんとなー、買い物に行ったらなー」などと文末に盛んに「なー」をつける、いわゆる「伊勢のなことば」は、文字通り伊勢市を中心に話されている。

志摩方言は、「なぶら (魚群)」「わたがし (かさご)」「とっちんこん (あんどんクラゲ)」「あんご・あんごし・あんごさく (語源は鮟鱇《あんこう》＝山椒魚のこと＝アホ・バカ)」など、漁業に関する語彙が豊か。このほか「でんごし (風呂の湯が溢れること)」「へんば (クモの巣)」「げ (家)」「おじくそ (臆病者)」「ほーばい (親友)」「うちゃれる (壊れる)」など個性的な語彙が多く聞かれる。

伊賀方言は、県内では京阪式アクセントを含めた近畿方言（＝関西弁）に最も近いと言われる。県内の広域で使われる「ささって（＝しあさって）」は、伊賀では聞かれず、大阪・京都などと同じ「しあさって」を使うというのもその一例である。その一方で、「ジュース、もう底だまり（底に少し残っている）しかない」「ちょっと待ってだーこ」「服にどんがめ（カメムシ）ついとるで」「酔うてるさかい、なぐさみ（いたずら、冗談）しよんや」「あっち、こっち、むこっち（あっちより遠方）」など特徴的な語彙もある。

東紀州方言は、語彙やアクセントもそれぞれ特色があるが、このうち尾鷲弁の語彙も大変ユニークだ。具体例を少し挙げてみよう。「まいまい（＝あっちこっち）行こか」「おーとっちょーれ（＝わーすごい）、がいなもんやにゃー」「お代は、はがはが（＝めいめい）でしょーらい」「あの人はとーじんばいばいやなぁ（＝つじつまが合わない）」「うちの子、ほっぱれ（＝おたふく風邪）になってなー」「早よ走らんか、むしくってけよ（＝全速力で走れ）」「一〇〇メートル走でげっぽ（＝ビリ）やった」……などなど。

方言は、語彙（単語）、語法（文法）、音韻、アクセントによって構成されるが、県内の伊勢・伊賀・志摩・東紀州の四つのお国ことばが、それぞれの特徴を持ちながら、愛知・岐阜の方言と接し、特色ある方言圏を形づくっている。

方言ミニ知識3

これぞ三重弁ベスト20

三重弁の話者である皇學館大学の県内出身学生を対象に、日常的な「これぞ三重弁」という語彙を記入するアンケート調査を八年間実施した。主に学生がアンケート用紙に記入したが、中には両親や祖父母などの協力を得た学生もいた。通算すると約五五〇人の学生がアンケートに記入した三重弁のうち、数が多かったベスト20は、表の通りだった。なお「カエルのカンピンタン」については、別の調査を実施したため、ベスト20にはランクインしていない。

ベスト20に選ばれた三重弁のうち、三重県でしか使われない固有の方言としては、「(道路が)つむ」「とごる」「あばばい」「(語尾の)やに」「ちみぎる」「たらう」などが挙げられる。

また三重弁は、もともと近畿方言区画内にあるため、京都・大阪と共通する方言としては、「ほる・ほかす」「(語尾の)やん」「いらう・いろう」などのほか、近畿および愛知・岐阜両県とも共通するものとして、「えらい」「ひやかい・ひやこい」「(お米を)かす」「あかん・いかん」「だんない・だんねぇ」などがある。

隣接する愛知・岐阜両県の方言と共通するものとしては、「(机を)つる」「ごうわく」「ケッタ」が挙げられるほか、「アンゴウ」は岡山県と、「ささって」は岐阜県飛騨地方と共有している。

★これぞ三重弁ベスト２０★

	これぞ三重弁の語彙	共通語の意味	使用例文
1	（机を）つる	運ぶ・移動する	「机、つっといてー」 「今日の机つり当番、だれ？」
2	（道路が）つむ	混む・渋滞する	「この道、つんどるなぁ」
3	えらい	疲れる・くたびれる	「風邪ひいてめっちゃえらい」
4	ほる・ほかす	捨てる・投げる	「このゴミほっといて」 「ゴミほかしといて」
5	ごうわく	腹が立つ	「まじあいつ、ごーわくー」
6	とごる	底にたまる・底に残る・沈殿する	「コーヒーの粉、とごっとるわ」
7	ささって	三日後・あさっての次の日	「ささって、映画行こ」
8	あばばい	まぶしい	「日差しがあばばい」 「先生の頭、あばばい」
9	（語尾の）やに	～だよ	「これ、僕のやに」
10	けった	自転車	「ちょっと、ケッタ貸してくれやん？」
11	ちみぎる	つねる	「腕、ちみぎるでー」
12	たらう	届く 取る	「あの棚に手ぇーたらう？」 「そこのリモコン、たろてー」
13	ひやかい・ひやこい	冷たい	「この水、ひやかいなぁ」
14	（米を）かす	（米を）とぐ・洗う	「お米、かしといてー」
15	あかん・いかん	駄目	「あいつはあかん」 「あかんわ、２人しか乗れやん」
16	（語尾の）やん	～だ・～だよ	「このお菓子、おいしいやん」
17	アンゴ・アンゴウ ・アンゴシ・アンゴサク	アホ・バカ	「あいつ、ほんまにアンゴ（ウ）やな」
18	いらう・いろう	さわる・触れる	「いろたら、あかん」
19	だんない・だんねえ	大丈夫・何ともない	「皿、割ってしもた」 「だんない、だんない」
20	ぬくたい・ぬくとい	暖かい	「この部屋、ぬくたいなぁ」

方言ミニ知識4

三重県内の揖斐川が東西アクセントの境界線

〜亀山出身・東大生時代の服部四郎さんが現地調査で突き止める〜

日本語のアクセントは、①東京式、②京阪式、③一型式、④特殊式の四タイプに分かれ、中でも東京式と京阪式が二大勢力である。その東西二大アクセントの境界線は、三重県内の揖斐川にあり、川をはさんで長島町から東側が東京式、桑名駅のある桑名市から西側が京阪式となっている。

このことを初めて明らかにしたのは、亀山市出身の言語学者で元東京大学名誉教授の故・服部四郎博士である。以下は、竹内俊男さんの『東海のことば地図』をもとに服部博士の偉業を紹介する。

幼い時からことばに特別の関心を持っていた服部少年は、津の旧制県立中学で東京外語大学出の英語教師・高野鷹二先生から大きな影響を受ける。高野先生の話すきれいな江戸弁に少年の心は奪われ、授業の合間に聞かせてくれる東京のアクセントと津(京阪式)のアクセントとの違いのような話は少年を夢中にさせた。

やがて東京の旧制第一高等学校に進学し、寮で同室だった広島県出身の友人のアクセントが東京アクセントと同じなのを知り驚く。その頃から東京から出身地の亀山までアクセントがどのように変わるかを調べようと考え始め、東大に入学したあと、亀山に帰省する機会を利用してアクセント調査を始めた。

当時は、東京式アクセントが箱根で一割ぐらい変わり、大井川あたりで二割五分ほど、浜名湖付近で四割ぐらいが変わるのではないかと、何の根拠もなく、そんな風に考えられていた。

服部さんは、まず小田原と三島を調べたが、東京式アクセントにほとんど変化はなかった。次いで沼津と天竜川を越えた浜松、そして豊橋、岡崎、名古屋までできたが、東京アクセントは変わらなかった。引き続き、昭和四年の春休みに地元三重県の長島と桑名を調べた結果、二つの町の間を流れる揖斐川が、東西アクセントの境界線であることを突き止めたのだった。

翌昭和五年、服部さんの論文「近畿アクセントと東方アクセントとの境界線」が発表され、長島と桑名の間で東京式アクセントが一挙に京阪式アクセントに変わることが明らかにされた。この画期的な研究成果は当時の学界に大きな衝撃を与え、反響を呼んだ。このようにして、揖斐川には今も厳然として東西アクセントの境界線が存在すると、著者の竹内俊男さんは記している。

今から約九十年前に、学生時代の服部四郎さんが、フィールドワークで調べた成果は、その後の日本のアクセント研究史上、揺るぎない学説になっている。同じ三重県内の隣同士の地域で東西アクセントに分かれている背景として、①昔は橋がなく船で渡るのに長時間かかったといわれる揖

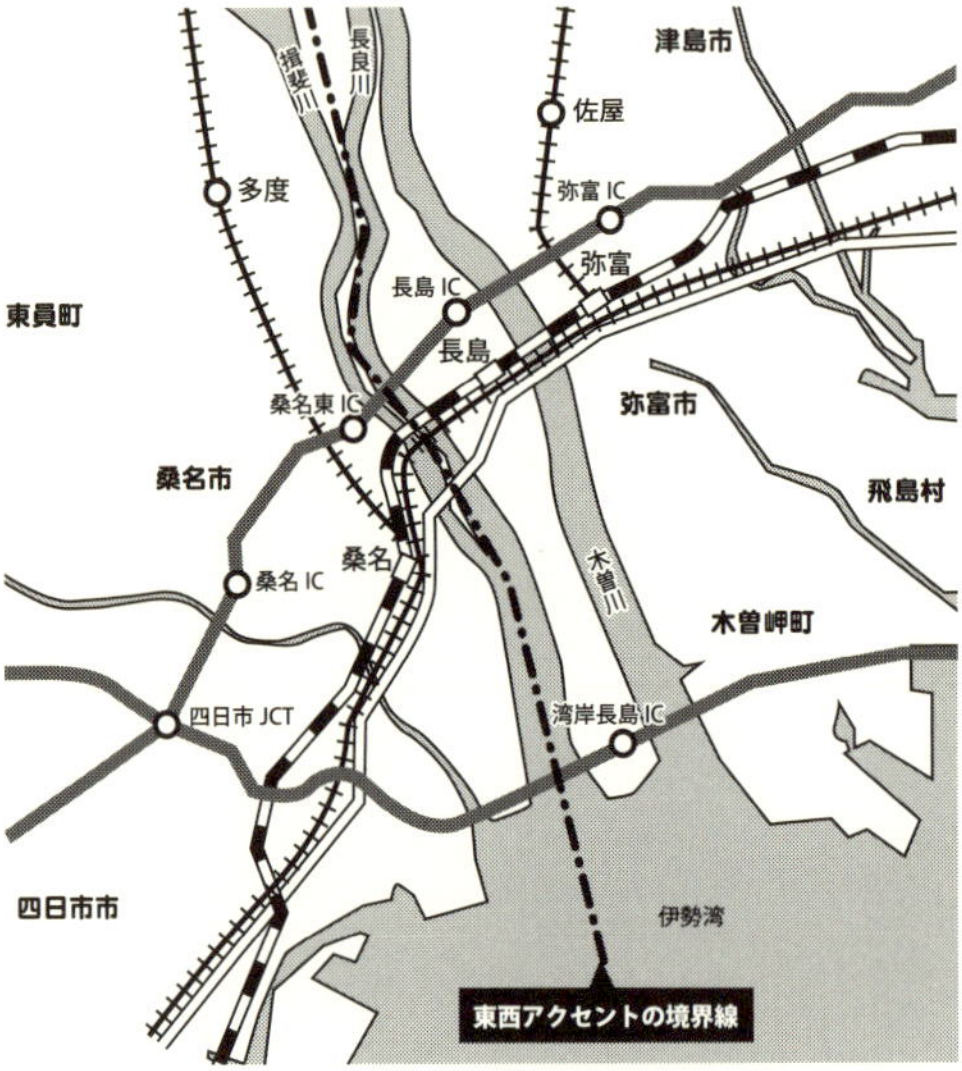

東西アクセントの境界線

斐川という地形的な問題があったこと、②揖斐川をはさんで東側の長島町と木曽岬町は古くから尾張国（東京アクセント圏）と接していたことなどが考えられる。

ちなみに、長島（東京式）と桑名（京阪式）の自治体の職員の方々から聞き取りをした両アクセントの具体例は、表1の「山」と表2の「緑」の通りである。日本語のアクセントは、高低タイプなので音楽的アクセントとも呼ばれ、二線譜で書き表すことが出来る。音符のドレミで言えば、二線譜の下の線をド、上の線をミの高さで発音すると分かりやすいと思う。

なお、揖斐川上流域の岐阜県大垣市に隣接する不破郡垂井町では、京阪式アクセントと東京式アクセントの中間的なアクセントが見られ、これを垂井式アクセント（または京阪式変種アクセントなど）と呼んでいる。

（表1）

「山が」

（長島＝東京式）

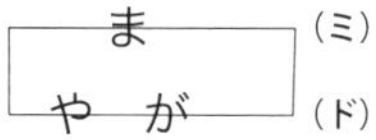

（桑名＝京阪式）

（表2）

「緑が」

（長島＝東京式）

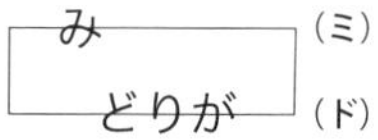

（桑名＝京阪式）

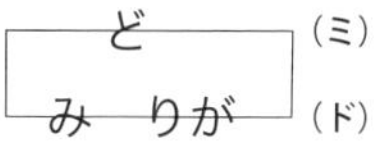

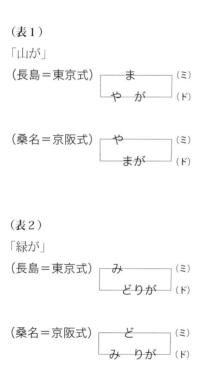

方言ミニ知識5

カエルのカンピンタン考　その1

三重弁のおもしろエピソードの最初に「柿がカンピンタンになっとるわ」「それ、呪文?」という体験談を紹介したが、三重県人には、「カエルのカンピンタン」という子どもの頃から使っているおなじみのフレーズがある。「カエルが車などにひかれてペチャンコになり、干からびている状態」というような意味だが、大阪出身の私はこの名フレーズを知らなかった。初めて聞いた時には、「なんちゅうおもろいことばや!」と痛く感動したものである。

そんなこともあり、皇學館大学でも方言を取りあげた授業の中で、三重弁の話者である三重県出身の学生たちを対象に、「カエルのカンピンタン」アンケート調査を二〇〇四年から二〇一二年まで毎年実施した。

アンケートでは、「カエルのカンピンタン」ということばを知っているかという問いに対し、①「知っている」は三五〇人(六四%)、②「知らない」は一六九人(三一%)、③「その他」二七人(五%)という結果であった。

このうち「知っている」と答えた学生の出身地は、いなべ・桑名・川越・四日市・菰野・鈴鹿・亀山・津・伊賀・松阪・伊勢・多気・度会・志摩・尾鷲の市や町であった。北勢から中南勢にかけての地域を中心に、伊賀・志摩・東紀州まで「カエルのカンピンタン」という表現は、県内の広い地域で親しまれていることが分かった。

「知っている」と答えた学生が書いた「カエルのカンピンタン」の意味はほぼ共通しているが、表現が面白いので少し紹介する。①カエルがカピカピに干からびている様子、②熱い道路で死んで干からびたカエル、③カエルが乾燥してシュワシュワになっていること、④車にひかれたり潰されたりしたカエルの死がいが乾燥して水気がなくなっているもの、⑤干からびてミイラになってしまったカエル…などなど。

では「カンピンタン」ということばを「カエル」以外のどんな生物に使うのかを聞いてみた。①トカゲ・ヤモリ・イモリ・ヘビ・ヘビの抜け殻・おたまじゃくし・ミミズ・ナメクジ、②水辺の生物・カニ・カメ・ザリガニ、③小さな虫・セミの死がい・カマキリ・コオロギ・トンボ・バッタ・蜂・蚊・ハエ、④ムカデ・クモ・ゴキブリ、⑤イタチ・ネズミ、⑥小鳥、⑦毛のない小型動物などで、タヌキやイノシシ・クマなどの中大型の動物は登場しなかった。確かに「熊のカンピンタン」はないだろう。

このほか「カンピンタン」は、食べ物や体の一部にも使われていた。例えば、①干物・イワシ・スルメ・鯉・メダカ、②パン・ごはん・ご飯粒・炊飯器の底に残ったパリパリのごはん・お米・わらびもち・冷蔵庫の奥にあった野菜・汁物に入っていた具、③鼻の下で乾いた鼻水・唇・かさぶた、④干からびたものすべてというように「カンピンタン」は何でもあり、実に広いジャンルで活躍していることも明らかになった。

方言ミニ知識6

カエルのカンピンタン考　その2

「カエルのカンピンタン」についてのアンケート調査の結果を「カエルのカンピンタン考　その1」で紹介したが、自分でアンケートに記入し、このまとめを見た県内出身の学生たちの感想を一部紹介する。

①「カエルのカンピンタン」がほぼ三重県でしか使われないということに驚きました。非常におもしろい方言だと思うので失われないように伝えていきたいと思いました（伊勢）。②「カエルのカンピンタン」なんて、このアンケートで初めて知ったので松阪の友だちに聞いてみたら、当然のように知っていて驚いた（鈴鹿）。③カエル以外にもカンピンタンを使うことを知ってびっくりしました（伊勢）。④「カエルのカンピンタン」の意味を知らなかった（津）。⑤「カエルのカンピンタン」は初めて聞いたけど、アンケート結果を見ると、知ってる人が多くて意外だった（伊賀）。⑥「カエルのカンピンタン」は全国共通だと思っていました（伊勢）。⑦「カンピンタン」という言葉を電子辞書で調べた。でも見つからなかった（中国人留学生）。

このように「カエルのカンピンタン」は三重県の特産品だが、方言辞典にはおとなり奈良県宇陀郡にも、同じ「乾燥したもの」という意味で「カエルのカンピンタン」が生息（？）しているように記述されている。

そこで名張市に隣接する奈良県宇陀郡曽爾《そに》村と、その隣にある御杖《みつえ》村の両教育委員会の人に「おたくの村にカエルのカンピンタンは?」と聞いてみた。言語形成期（五～十一才ごろ）を両村で過ごした村役場の職員二〇人ずつ、両村合計四〇人を対象に「カエルのカンピンタン・ミニ・アンケート調査」を試みたのである。

その結果「カエルが車などにひかれてペチャンコになり、干からびている状態」のことを「カエルのカンピンタンという」と答えた人は、両村四〇人中二三人（五七％）と半数を超えていた。「言わない」は一三人（三二％）、「幼い頃に聞いたことがあるなど」が四人（一〇％）だった。

また「カンピンタン」のイメージも「魚の干物・小魚・カニ・干からびたヘビ、トカゲ、ネズミ、ミミズ・水分がなくなって干からびた両生類・固くなったごはんつぶ・古くなった食べ物が乾燥して固くなった状態・水分を含んでいるものが干からびてぺったんこのカスカスになっているもの・かさぶた・乾いた鼻水……」など三重県と殆んど変わらない。サンプル数は少ないものの、両村の人たちも「カエルのカンピンタン」と共に生活していることが明らかになった。このようなことから、奈良県曽爾村、御杖村と三

写真提供　かんぴんたん伊勢昆布

重県の隣接町村は「カエルのカンピンタン」仲間ということになる。

カンピンタンつながりで言えば、ご存知の方もいると思うが、四日市市や鈴鹿市には、昆布・海苔・するめ・かつおぶし・ひじき・にぼしなどを扱う「かんぴんたん伊勢昆布」という干物・乾物の店がある。店の前には大きなシートがかけられ、「かんぴんたん」の特徴的なロゴが目を引く（前頁写真）。こうして「かんぴんたん」は食文化ジャンルでも活躍し、今や三重県人の生活に根ざす「必需語」となっている。

方言ミニ知識7

柳田國男の「蝸牛考《かぎゅうこう》」＝方言周圏論

昔からことばは旅をし、「古語は辺境に残る」と言われてきた。江戸時代中期の儒学者・荻生徂徠《おぎゅうそらい》は「南留別志《なるべし》」に「古への詞は多く田舎に残れり」と記しており、松阪出身の江戸後期の国学者・本居宣長も「玉勝間」に「すべて田舎には、いにしえの言の残れること多し」と書いている。

かつて京の都で話されていたことば「Ⓐ」が、長い時間をかけて地方に伝わっていった。移動や通信の手段としては、今のように飛行機も新幹線もパソコンもスマホもなく、地方に向かってただひたすら歩き、人から人へ、非常にゆっくりとしたテンポで何年も、あるいはそれ以上の時間をかけて京のことばが伝わって行ったのである。京のことば「Ⓐ」が相当な時間をかけて東北や南九州に到達した頃、新しいことば「Ⓑ」が京の都を出発し地方に向かって旅立って

「かたつむり」の新旧ことば

いくというような繰り返しで、都のことばが各地に広がっていったので、今も地方で使われている方言の中には、かつて京の都で流行していた「ことば」＝古語が残されていることがある。

このようにして、より古い時代に都で使われていたことばほど、都から遠い地方に残り、都でより新しい時代に使われていたことばほど、順に都に近い地方に残るという規則的な残り方をしていることが明らかになった。これは、日本の民俗学のパイオニアとして知られる柳田國男さんが、「カタツムリ」を全国でどのように呼んでいるかを調べた結果、分かったことであった。

しかも、都から東西に同じくらいの遠い距離にある東北地方と九州南部で「カタツムリ」のことを同じように「ナメクジ」と呼んでいること（塩をかける「ナメクジ」ではない）、両地方に較べ都に少し近く都から東西に同じくらいの距離にある中部地方と中国地方では、「カタツムリ」のことを「マイマイ」と呼んでいること、さらに京都を含む関西地方では「カタツムリ」のことを「デンデンムシ」と呼んでいることが分かった（前頁参照）。

このことから、「ナメクジ」と「マイマイ」と「デンデンムシ」の三つのことばを比較すると、京の都で最も古い時代には「ナメクジ」と呼んでいたこと、次に古い時代には「マイマイ」と呼び、最も新しい時代には「デンデンムシ」と呼んでいたことを明らかにした。この画期的な研究論文「蝸牛考」は高く評価され、京都を中心に、新旧のことばが何重かの円を描くようなこのような方言分布の法則を「方言周圏論」と呼んでいる。この「方言周圏論」は、柳田國男さんの独創的なものではなく、当時のフランスやドイツの学者の考えに触発された可能性があるが、ともあれ、柳田さんの「かたつむり調査」を通して「方言周圏論」という考え方が広まったことになる。

方言ミニ知識8

バカはアホやタワケより古いことばだった

名古屋テレビ放送の人気番組「探偵！ナイトスクープ」あてに、かつて夫が大阪出身、妻が東京出身という夫婦から調査依頼が届いたことがある。二人はけんかをすると、夫が「アホか、お前は」と言い、妻は「あんたは、バカだね」と言い返し、お互いに大変腹が立ち傷つくという。そこで、東京と大阪の間で、アホとバカの境界線がどこにあるのかを突きとめてほしいというのが依頼内容であった。

探偵局長から調査の指示を受けた北野誠探偵は、早速東京から新幹線に乗り、先ず富士駅（静岡県）で降りて、近くにいた静岡県人に尋ねた。「あのーちょっと伺いますけど、おたくケンカをした時にバカと言

「バカ・アホ・タワケ」の分布

います?アホと言います?」その人は「そーだな、バカだね」と答えた。「そーか、ここはまだバカ文化圏や」と言いながら北野探偵は再び新幹線に乗り、今度は名古屋駅で降りた。

改札口の近くにいた中日ドラゴンズの帽子をかぶった一杯機嫌のおじさんに同じ質問をしてみた。ちょっとお酒の入ったおじさんは「ジャイアンツはターケだでかんわ」とトンチンカンな答えをしたが、探偵は「そーか、アホバカ以外にタワケということばがあるんや」ということに気づき、続いて岐阜(タワケ)、滋賀(アホ)と、順に調べて回った。

その後この番組では、全国三千二百四十五市町村(当時)を対象に、アホバカことばについてのアンケート調査を行い、一三七〇通余りの回答(四二%)を得た。その結果、全国各地からホーコ、ダボ、ハンカクサイ、ゴジャッペ、ダラ、ホンジナシ、アヤ、ヌクラー、アハー、フーケモン、ダラズ、アンゴウ、フラフージなど、膨大な数のアホバカことばが報告され、これらは二十三系統に分類された。

このうち、アホ、バカ、タワケの分布状況を見ると、バカは中部から北と、中国、四国および九州一円に見られ、タワケは愛知、岐阜を中心とする中部、および山口、高知、大分の中四国に分布し、アホは関西一円に広がっている(前頁参照)。

番組の当時のプロデューサー松本修さん(大阪・朝日放送の元制作局長)は、アホバカタワケのこの分布状況は、柳田國男さんの「かたつむり」調査で明らかになった「方言周圏論」(方言ミニ知識7参照)だと考えた。

都から東西に遠い関東や九州に広がるバカは、平安時代に京の都で最も古い時代に使われたことばであり、現在関西一円に分布するアホは、京の都で最も新しい時代に使われ、中部などのタワケは、バカとアホの中間の時代に京の都で流行ったことばであると結論づけた。バカはアホやタワケよりも古い時代のことばだったということになる。

これらを取りあげた「探偵！ナイトスクープ」の特番は、日本民間放送連盟賞テレビ娯楽部門最優秀賞をはじめ、ギャラクシー賞やＡＴＰ賞グランプリを相次いで受賞した。また松本さんが学術的にまとめた論文「全国あほばか方言の研究」は日本方言研究会で発表され、柳田國男の「蝸牛考」いらいの方言周圏論研究として高く評価された。番組のいきさつから研究内容をまとめた松本さんの著書『全国アホバカ分布考』（太田出版）はベストセラーに、その後、同タイトルの文庫本（新潮文庫）も出版されロングセラーとなっている。

三重の「アンゴウ」は岡山でも活躍中

「方言ミニ知識8」で紹介した松本修さんの『全国アホバカ分布考』によると、名古屋テレビの番組「探偵！ナイトスクープ」に回答が寄せられた全国のアホバカことばのうち、三重県については、アホ系＝一九自治体、アンゴウ系＝八、ウトイ系＝五、バカ系＝二、タワケ系＝二、ボケ系＝一であった。「アホ」がトップだったのは三重県が近畿方言圏なので自然な結果だ。

これとは別に、皇學館大学の県内出身の学生たちを対象に調べた（八年間の合計で約五五〇人）県内のアホバカことばと使用地域は、アンゴ・アンゴウ＝津・松阪・鳥羽・度会・志摩、アンゴシ＝伊勢・志摩、アンゴサク＝伊勢・志摩、アンポンタン＝四日

「アンゴウ」の使用範囲

市、ニシャ＝志摩、ジャッパンコオロギ＝紀伊長島という結果だった。

松本さんは「アンゴウ」について「一六〇三年ポルトガル人宣教師によって長崎で刊行された『日葡辞書』では『Anco・Ango　アンカウまたはアンガウ（鮟鱇）。川魚の一種で足のある魚（中略）。あの愚鈍な鮟鱇と同じような阿呆すなわち馬鹿者』と記載しており、これは山椒魚のこと」と指摘している。つまり清流で口を半開きにしてエサを待っている山椒魚に見立てて「アホ・バカ・ウスノロ」の意味で使われてきた訳だ。この「アンゴウ」は、京都から三重県までと京都から西へ同じ位の距離にある岡山県でも、全く同じ意味で使われている。

「方言ミニ知識8」に登場したアホバカ分布の方言周圏論で考えると、「アンゴウ」は、中部地方と中国地方に見られる「タワケ」と、関西一円に広がる「アホ」との間の時代に京の都で話されていたアホバカことばだという推測が成り立つ。たかが「アンゴウ」とバカに出来ない存在なのである。

なお紀伊長島の珍しいアホバカことば「ジャッパンコオロギ」について、紀北町役場に聞いてみたところ、間違いなく使われていることは確認できた。もう少し詳しく取材してみると「ジャパンコオロギ」のアホバカ度をさらに上げて、もっとけなす場合は、「アカジャッパンコオロギ！」と叫ぶそうだ。ただし、ことばの語源などは分かっていない。

方言ミニ知識10

江戸時代の方言辞典『物類称呼《ぶつるいしょうこ》』に三重の「アンゴウ」も

江戸時代の江戸のことばは、関東方言をベースにして、それまでの中央語としての上方語の特色を取り入れながら形成されたと言われ、元禄期に入ると庶民の間では、後のべらんめェ口調のルーツとなる六法ことばが広がり、いわゆる江戸弁が登場する。同じ時代、目を全国に向けると、各地の方言がそれぞれ自己主張し、雑居しているような状況だった。このようなことから、他の地方のことばを理解できるようにするため、安永四年（一七七五）には、当時としては珍しい辞典『物類称呼』が出版された。

これは、俳人で方言研究家の越谷吾山《こしがやござん》が調べた全国各地の方言語彙四〇〇〇語を五〇〇項目に分類し解読した労作で、五巻五冊からなる日本で初めての方言辞典である。この中には、三重県内で今も使われるアホバカことばの「あんごう（アンゴウ）」が伊勢のことばとして紹介されている。

『物類称呼』巻五の「言語」の項を見ると、例えば「おろかに、あさましき」を次のように説明している。『京大坂にて〈あんた〉又〈あんだら〉共云。伊勢にて〈あんがう〉又〈せいふ〉と云。越中にて〈だらけ〉と云。因幡にて〈だらず〉と云。信濃にて〈だぼう〉と云。奥州にて〈ぐだま〉と云。豊州にて〈をうかましい〉と云。尾州にて〈をごさ〉と云。俗に馬鹿と云は［史記］秦趙一高カ故事ニもとづけり。拾遺「鹿をさして馬と云人有ければ、かもをもおしとおもふ也けり。又〈あほう〉は秦ノ安房ノ宮號に出たる詞也とぞ。又〈たわけ〉とは〈田分〉という」』などの記述が見られる。

この頃、伊勢では「おろかに、あさましき」の意味で「あんごう」と共に、「せいふ」ということばが使われていたことが分かる。このように『物類称呼』は、江戸時代中期以降における各地の方言の実態を伝える貴重な方言辞典である。

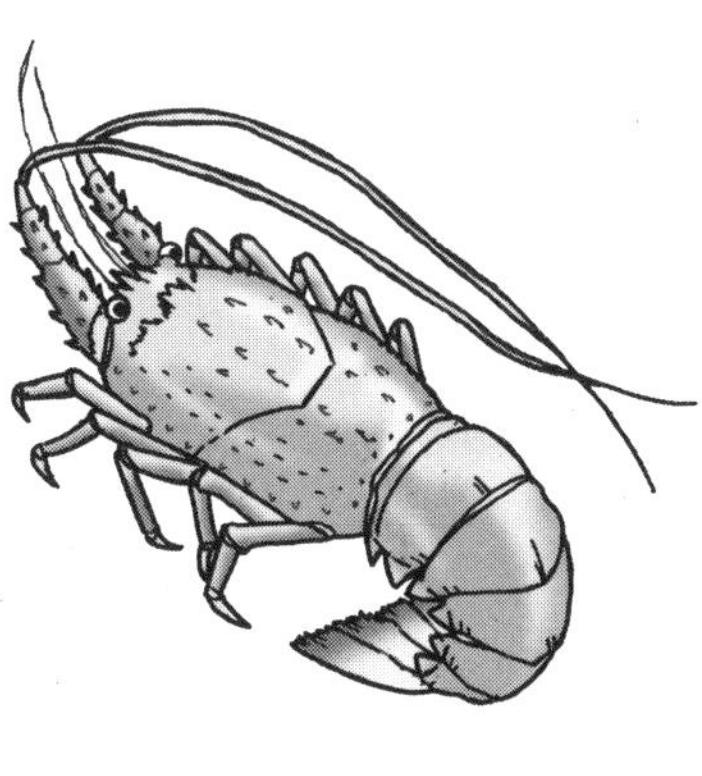

方言ミニ知識11

三重のことばクイズ～これが分かれば三重弁博士～

同じ三重県内に住んでいても、初めて耳にすることばや意味の分からない方言を聞いたことがあると思う。次に紹介する方言はすべて三重弁だが、理解できるだろうか。これが分かれば、あなたも三重弁博士だ。正解は三重のことば小辞典参照。

1 折角の計画があじぇぼじぇや（南伊勢・度会）
2 あじょはどこ行くん？（桑名・伊勢・志摩）
3 この弁当、あめっとるなぁ（松阪・伊勢・志摩）
4 あいつほんまにあんごやなぁ（津・松阪・志摩）
5 あの子いっぷりやな（伊勢）
6 今日はいんぎりしんどい（津）
7 私の字ぃー、うざなんや（松阪・伊勢）
8 今日も雨がうるさいなぁ（伊勢・度会）
9 油もんばっかり食べとると、えげってくるわ（志摩）
10 おごしが痛いんや（度会）
11 今度おれげにこいさ（津）
12 あんた、そんなかずゆきやった？（多気）
13 カエルのカンピンタンや（県内ほぼ全域）
14 田んぼに足がぎもった（桑名）
15 思わず、目ぇーくさいだ（伊勢・紀北）
16 あんたの言い方、けんどいねん（伊賀）
17 しんどいもんで、こかってもええかいな？（尾鷲）
18 こぎしろおるわ（松阪・度会）
19 ほらもっとこずたん行き（津）
20 こだま切れとるぞー（朝日・川越・東員・四日市）
21 ごんじきったら、いかんよ（志摩）
22 注射したら、あの子ししくってたわ（紀伊長島）

23 そんな使い方してると、しまけるぞー（松阪）
24 あんた、じゃっぱんこおろぎやなぁ（紀伊長島）
25 立っとるとえらいから、しょずくなるわ（度会）
26 実力的には、すっとこどっこいやな（亀山）
27 猫がそばえてきたでー（四日市・津・度会）
28 おんなじ話しばっかりされて、たぁゆーたわ（桑名）
29 そんなにたけったらいかん（志摩）
30 この長さやったら天井にはたらわんでー

（鈴鹿・松阪・伊勢・多気・玉城・度会・大紀）
31 そろそろ、ちろちろやなぁ（多気）
32 服の腕のところ、つぼってみて（伊勢）
33 てんぷなことやなぁ（南伊勢・度会）
34 どいやこい魚がとれた（志摩）
35 とぎと遊びに行ってくるわ（松阪）
36 とくしょくなしに何ゆーてんの？（松阪）
37 はよ、はこしてこい（鳥羽）
38 こっちに来たらはざん（松阪・志摩・鳥羽）
39 腹（はら）ぴっぴー（松阪）
40 今日の髪型ふたちょんやん（桑名）

41 車運転する時、べんべんはくなよ（尾鷲）
42 あんたら、ほーばいやなぁ

（津・松阪・伊勢・鳥羽・度会・志摩）
43 （車で）まいまい行こか（尾鷲）
44 バケツの水まけたった（津・伊勢・志摩）
45 これ、めんめらのもんや（紀伊長島）
46 このセーター、ももくれてる（鈴鹿）
47 これ、やにこい椅子や（津）
48 人がわらわらしとる（志摩）
49 あいつ、わりむかつく（熊野）
50 おなか、われそうや（伊勢）

方言ミニ知識12

伊勢商人と江戸のことば

江戸時代の初期から、伊勢商人が江戸に店を出し活躍したことは知られているが、その当時、江戸の町では一体どのようなことばが使われていたのだろうか。そのことを知るためには、先ず当時の江戸を取り巻く状況を知っておかなければならない。そこでしばらくは江戸の歴史と伊勢商人の話におつき合いいいただこう。

天正十八年（一五九〇）八月、徳川家康は豊臣秀吉の命により、関八州の責任者として駿河の居城から江戸に移った。当時の江戸城は形ばかりの城で、周りには茅葺の民家が一〇〇戸程度、目前には海、漁村のうしろには平野が広がる関東の僻地であった。のちに江戸の市街地になる銀座、京橋、日本橋や下町になる広大な地域は、まだほとんどが沼か湿地か海であった。

その後、関ヶ原の戦いに勝った徳川家康は、慶長八年（一六〇三）に征夷大将軍となり江戸に幕府を開いた。家康は、早速江戸城の増改築とともに江戸の町づくりに着手。神田山を切り崩して海を埋め立て、日本橋を中心とする下町を造成した。この工事で江戸の中心は日本橋周辺に移り、新しい商業や工業地帯が誕生するなど江戸市街の大規模な整備が進められた。

これと並行するように、諸大名が江戸に屋敷を構え、大名の家臣や家族、徳川家の旗本や御家人などの武士たちが、相次いで江戸に居住するようになり、商人や職人たちも各地から続々と江戸の町に移住してきた。江戸に移ってきた商人たちをみると、徳川の旧領の三河・遠江をはじめ、伊勢や近江・

上方などから移住しているが、とりわけ伊勢・近江・京・大坂の商人が多かった。これは、木綿や絹、醸造など商業生産の先進地域であったからである。

中でも伊勢商人の数は群を抜いて多く、伊勢屋の屋号だけでも六〇〇以上、越後屋や大黒屋など他の屋号を使った伊勢商人を含めると、その数は圧倒的であった。他国の商人に先駆けて江戸店を出し、それぞれ画期的な商法で活躍を見せ、江戸経済の中心的な存在となって行くのである。第五代将軍・徳川綱吉の時代には、「江戸に多きものは、火事、喧嘩、伊勢屋、稲荷に犬の糞」というようなことわざが流行ったほか、「慶長見聞集」に、江戸は、「一丁のうち半分は伊勢屋と申すのれん見え候と也」と書かれるほどであった。

伊勢商人が初め進出したのは日本橋周辺だったが、やがて大伝馬町に集結するようになる。木綿を扱う伊勢屋（松阪）や川喜田屋（津）、丹波屋（松阪）など約七〇軒の木綿問屋が大伝馬町に軒を連ね、木綿町と呼ばれるほど江戸でもトップクラスの商業地となったが、これらの木綿問屋の約半数を伊勢商人が占めていた。

東都大伝馬街繁栄之図
（国立国会図書館蔵）

また同町には呉服・茶・米などの店も並び、店々の屋根には、京の町でも見られた見事な本うだつが上がり、初代歌川広重は、女性たちで賑わう町なみを描いた「東都大伝馬街繁栄之図」を残している。

三重県の環境生活部文化振興課県史編纂班によると、伊勢商人と呼ばれている人たちの出身地は、①松阪、②津、③櫛田（射和・中万など）、④白子・四日市・神戸の四地域に大別されるという。松阪を出自とする商人が伊勢商人の代表格だったようだが、その中でも木綿を扱っていた商人・三井高利は、江戸・日本橋本町一丁目に三井越後屋呉服店（のちの三越）を構え、画期的なアイデアで成功を収めた。当時の呉服店は、大名などの得意先で注文を取り、品物を届けても支払いはつけで、正月と盆に支払いという商習慣が一般的だった。

しかし高利は大名相手の商売をせず、町人・大衆向けに必要な分だけ反物を切り売りし、慣例の支払い方法であった掛売り節季払いをやめ、定価で現金払いという全く新しい商法を導入して店を繁盛に導いた。その後、両替商（のちの三井住友銀行）も開業し、幕府の御用為替方を引き受け、江戸でも一、二を争う大商人となった。

このように三井家全盛の基礎を築いた三井高利の生まれ育った松阪市本町には、三井家発祥の地があり、市の史跡に

ブロンズのライオン像
（写真提供・松阪市広報課）

指定されている。今はこじんまりした記念スペースだが、その昔は周辺の地域がほとんど三井家の所有地で広い屋敷であったという。平成二八年一月、三井家発祥の地の斜め向かいにある市のポケットパークに、三越伊勢丹ホールディングスから三越のシンボルでもあるブロンズのライオン像一体が贈られ、新たな観光スポットになっている。

また松阪屈指の商人・長谷川治郎兵衛家は、三代目の治郎兵衛政幸が江戸・大伝馬町に木綿問屋「丹波屋」を開き、松阪の本家から江戸店を管理していた。のちには五軒の出店を構え、やがて長谷川商店となった。

旧長谷川家住宅の広大な屋敷は、今も松阪市魚町通りにあり、豪商を象徴するかのような格式の高い本うだつが屋根の両側に上がっている。同住宅は、平成二七年に三重県の史跡および名勝に、同二八年には国の重要文化財に指定された。屋敷内には蔵が五棟あり、その中にあった千両箱から大判・小判が見つかり展示されている。また創業いらい保存されてきた商業資料や古文書、蔵書類など約一万七〇〇〇点余りについての調査が進められてきたが、いずれも伊勢商人の繁栄ぶりを伝える貴重な文化遺産である。同住宅は曜日を決め、団体での予約公開を行っている。

同じ松阪出身の小津清左衛門長弘は、地元出身の国学者・

旧長谷川治郎兵衛住宅全景
(写真提供・松阪市広報課)

本居宣長の曽祖父・小津三郎右衛門のバックアップを受け、日本橋・大伝馬町に紙問屋「小津屋」を設けたほか、木綿店「伊勢屋」も開業して発展した。小津家は、紀州藩の松阪御為替御用も命じられるなど、松阪の豪商の筆頭格であった。現在も「小津和紙」の専門店が日本橋に存続し、小津産業グループとして発展している。

松阪市本町に残る旧小津清左衛門家住宅は、元禄年間に建てられた主屋や向座敷・料理場・内蔵・前蔵などが現存する部屋数二〇余りの町屋で、三重県の文化財と市の史跡に指定されていて、松阪商人の館として公開されている。この館には格式のある本うだつが屋根の両側に見られるほか、昔お伊勢参りの旅人に炊き出しをした大きなかまどが幾つも残り、蔵から見つかったという万両箱も展示されている。

このほか、伊勢射和（現松阪市）の国分勘兵衛は、呉服問屋「富山」から独立して創業し、現在は日本橋一丁目の食品会社「K&K国分」となっている。津出身の川喜田久大夫は、木綿問屋「川喜田屋」を開き、松阪出身の角屋七郎次郎秀持は廻船業を営み、それぞれ成功を収めている。また四日市などの海沿いから出た鰹節問屋のような海産物店が多く江戸店を開いたが、今でも「にんべん」や「八木長」などが日本橋

松阪商人の館
（写真提供・松阪市広報課）

で営業を続けている。

かつて、江戸に出て店を持つ京の商人は、当時「江戸店持ち京商人」と言われ、京に店を持つ商人は、「京店持ち伊勢商人」とか「京店持ち近江商人」と呼ばれていたが、伊勢商人の場合、伊勢―京―江戸というネットワークを活かしていたことになる。

ちなみに延宝八年（一六八〇）当時の三井越後屋の使用人の出身地は、①本町一丁目店＝伊勢十一人、京三人、近江二人、伊賀・三河・江戸各一人、②本町二丁目店＝伊勢九人、大坂二人、伊賀・京・淀・江戸各一人となっている。やはり地元伊勢出身者を多く採用しているが、使用言語でみると、一部を除きほとんどが上方（現在の近畿方言エリア）の出身者であった。

では、伊勢商人や多くの商人たちが店を開いた初期の江戸の町では、一体どのようなことばが話されていたのだろうか。当初は、まず地元でもともと話されていた「～すべい」や「～なるべい」といった江戸周辺のいわゆる「べいべいことば」などの東国方言に、伊勢をはじめ近江、京、大坂や堺の商人など移住者の多い上方のことば、それに三河や遠江のほか、各地から江戸に入ってきた人たちの方言が雑居するような状態だったと考えられる。

その中でも、伊勢商人など圧倒的に多い上方商人の使う上方のことばが主流になっていたようだ。各藩の大名や家臣たちにとっても、もともと京は憧れの都であり、京・大坂に居住していた公家や大名などと長年商売上のつきあいがあった上方商人たちの話す上方のことばが、先生のような存在でもあったので、上方語＝旧中央語＝共通語として使われていた可能性が高い。また、江戸店の使用人たちも上方出身者が多かったので、江戸に出た相当数の店では、店表を固めていた上方出身の使用人の話すことばで日常的に客を迎え入れていたほか、得意先回りなどをしていた多くの江戸店の手代などの上方弁が、江戸の町のあちこちで聞かれたはずである。

徳川宗賢さんの『日本人の方言』によると、「慶長見聞集」（一六一〇年ごろ）の中で杉本宗順は当時の江戸について、「関東は聞きしよりも、見ていよいよ下国にて、よろづいやしかりき人、形かたくなに、言葉なまりて、なでう事なき、よろこぼひてなどと、片言ばかりを、いへるにより、ことわり聞こえがたし、（中略）とりわけ、べいと言い、べらいふこそ、をかしけれ」と記している。江戸時代の初期から中期にかけては、江戸でも上方のことばの影響力が強かったので、江戸のことばを見下したような表現になっている。

また芸能・文化面でも、歌舞伎の祖「阿国歌舞伎」をはじめ、上方の歌舞伎や浄瑠璃、猿若座などが江戸で演じられ評判になり話題を呼んだこともあって、江戸時代の中期ごろまで、上方のことばが江戸の共通語として広がっていたと見られ、その後も大坂生まれの江戸文学作家・井原西鶴などが描いた作品に登場する上方語は、江戸の町で一般化して行き、やがて江戸語として定着することばも出てくるようになった。

杉本つとむさんは、『日本語再発見』や『東京語の歴史』の中で、初期の江戸で使われていた上方語をあげている。その一部を紹介する。

（人間同士のことば）＝つれあい・うちの人・女房・奥様・おふくろ・女中・亭主・旦那・めかけ・山の神・わたくし・みども・拙者・そなた・おぬし

（人のあり方を示すことば）＝あかの他人・いいなづけ・うしろだて・おませ・げじげじ・紙屑拾い・きんちゃっきり・恋人・じゃじゃ馬・でくの坊・おてんば・なまぐさ坊主・やんちゃ・やぼてん

（生活上のもの・こと）＝空き家・雨宿り・一張羅・勘当・おやつ・歳暮・持病・素人・世帯・袖の下・つらの皮・手抜き・なりふり・野良犬・鼻歌・風呂敷・へそくり・ままごと・山の手・虫歯・わるさ

（音や形を象徴することば）＝がぶがぶ・がやがや・もたもた・ちょこちょこ・きょろきょろ・べったり・うろうろ・そわそわ・ぬけぬけと・とっとと

（仮定、否定の表現、形容のことば）＝たかが・たとえ・ちょっと・どさくさまぎれ・まったく・めっきり・やにわに・まっぴら・まんまと・わざわざ

（形、性質などを示すことば）＝かわいらしく・しおらしい・けばけばしい・抜け目のない・ふつつか・貧しい・水臭い・しわい・けたたましい

（動作、行動のことば）＝出し抜く・ちょろまかす・幅をきかす・高くとまる・てばやく・のさばる・こましゃくれる・肝をつぶす・ばれる・ほざく・むしゃぶりつく・たてつく・ひけらかす・とっておき・ぶしつけ・ありたけ

（その他）＝はしり・虫けら・あらまし・ありのまま・おきざり・送りオオカミ・お仕着せ・落ち目・気立て・軽薄・腰巻・ざこ寝・ぞんざい・高いびき・伊達・出来心・目移り・物入り・苦笑い・わけあり・手紙

語彙をみると、ほぼ現代のことばと変わらないので、これが初期の江戸で使われていた上方のことば？と意外に思う人もいるに違いない。こうして上方のことばが江戸のことばに吸収され、当時の中

央語（＝共通語）として広がりを見せるようになって行く。杉本さんはまた、江戸時代の俳人・宝井其角の句「葛飾や、江戸をはなれぬ、いかのぼり」に触れ、当時「凧《たこ》」や「凧上げ」よりも上方のことば「いかのぼり」が江戸の町の中で共通語として使われるようになったことも紹介している。

「いかのぼり」は、江戸時代の方言辞典「物類称呼」によると『紙鳶（いかのぼり）畿内にて〈いか〉と云。関東にて〈たこ〉といふ。西国にて〈たつ〉又〈ふうりう〉と云。唐津にては〈たこ〉と云。長崎にて〈はた〉と云。上野及信州にて〈たか〉といふ。越路にて〈いか〉又〈いかご〉といふ。伊勢にては〈はた〉と云。奥州にて〈てんぐばた〉と云。土州にて〈たこ〉と云。』と記述されている。

同辞典の項目として「いかのぼり」と出ているところから、「いかのぼり」が江戸共通語として存在感のあったことが伺える。また伊勢では当時長崎と同じように「はた」と呼んでいたことも分かる。

「凧」について国立国語研究所の「日本言語地図」で調べてみると関西を中心に中国東部、四国北部と北陸に「いか」系が広がり、その外側の九州南部、四国南部、和歌山、三重を含む中部、関東、東北東側に「たこ」系、さらに東北の西側と九州西部、三重の一部には「はた」系が分布している。

方言ミニ知識7、8、9の方言周圏論に基づき、「いか・たこ・はた」の三つについて比較すると、都で最も古い時代に「はた」が使われ、次いで「たこ」、そして「いか」は都で一番新しいことばであったということになる。

京都や大阪では、いま共通語と同じ「たこ」や「たこあげ」と呼んでいるが、かつて関西地方では「いかのぼり」や「いか」と呼ばれていたことを、一九五〇年代後半から六〇年代の調査を基にした日本言語地図が示している。

方言ミニ知識13

「ささって」の「さ」は「さらいねん」の「さ」と同じ

三重弁おもしろエピソードにも登場した「ささって」は、三重県人ならほぼ誰でも分かるポピュラーな方言だ。「あさっての次の日」のことで、共通語では「しあさって」である。「ささって」は「さらいねん」の「さ」と同じ「次の」という意味の接頭辞「さ」に「あさって」がつき、「さあさって」または「ささって」となる。

県内では「ささって、また会わへん?」とか「ささって、映画行こ」などとごく日常的に使われている。場合によっては、三重弁おもしろエピソードの「ささってシリーズ」で紹介した「あした、あさって、ささって、しあさって、言うやろ?」や「あんた、しあさってに会おゆーたやないか?!」のように誤解を生むこともある。使用エリアを見ると、木曽岬、朝日、川越、いなべ、菰野、四日市、鈴鹿、亀山、津、久居、松阪、多気、伊勢、鳥羽、度会、志摩、大紀、紀伊長島、熊野などと広い。

全国的に見ると「ささって」は、三重県をはじめ、岐阜県の飛騨地方・郡上地方、愛知県や長野県の一部、それに石川県などで愛用されている一方、鹿児島県の南端から種子島、屋久島にかけても分布している。このほか北海道空知地方の富良野周辺でも親しまれているが、これは、明治時代から開拓のため、北海道に移住した四九〇〇人余りの三重県人が、道産子たちの間に広めた可能性もある。関心のある人はぜひ調べてほしい。

ちなみに「あさっての次の日」のことを、関西から九州にかけての西日本では「しあさって」といい、関東から東北にかけての東日本では「やのあさって」が多く聞かれる。ただし、東日本の「やのあさって」区域の中で、東京都区内だけは例外的に西日本と同じ「しあさって」といい、これが共通語（＝標準語）として広がっている。

徳川宗賢編『日本の方言地図』に掲載されている「しあさって（あさっての翌日）」を示す方言地図の中で「しあさって」「やのあさって」「ささって」に限定した分布は、下記の地図のようになる。

×印　ささって
灰色　しあさって
斜線　やのあさって
白地　①中部地方では「ささって」以外は「しがさって」「しやさって」「しわさって「しあさって」が混在。
②北海道では富良野周辺の「ささって」以外は「やのあさって」「やなさって」「しあさって」「ひいあさって」「ひあさって」がわずかに点在。

「ささって」の使用範囲

方言ミニ知識14

江戸・明治・大正は方言大活躍の時代

共通語が全国に広がった今日に比べ、昔々、江戸・明治・大正時代の日本列島は、方言大活躍アイランドだった。全国各地の人同士の会話自体が困難な場合もあり、コミュニケーションが成立しないこともあったようだ。

例えば、江戸時代の地理学者で、備中国（岡山県）出身の古川古松軒《ふるかわこしょうけん》は、幕府の巡見使に随行して、東北地方から北海道を視察したが、その時の紀行文「東遊雑記《とうゆうざっき》」（天明八年＝一七八八年）の中で、会津（福島県）田島のことばについて、次のように書いている。

「言語も半ばならでは、双方ともに解せず、宿々にても大笑いすることのみにて、いかんともなし難し。茶漬けにしてくれといえば、湯漬けにして出すゆえ、各おの宿々の台所へ出て用事を自弁せしなり」と書いている。要旨としては、「ことばはお互いに半分程度しか分からないので、泊まった宿で大笑いするだけで、どうしようもない。茶漬けを頼むと湯漬けが出てくるので、それぞれ宿の台所へ行って自分で茶漬けを作る有様だ」と、笑いながらも、ことばが通じないのをぼやいている。

また古松軒は、南部領（岩手県）のことばについて、「言語は男女ともにチンプンカンプンにて、十にしてその二つ三つならでは解せず。……（中略）……。南部の地にては、言語の通じ難きことありとて、盛岡城下より通辞の者を二人づつ付け給いしに、この所においては通辞の解さざることのありしことにして、人々大笑いせしことなり」と記しており、通訳（日本人同士で）が二人いても、南部のことばが理解できなかったことを伝えている。

昔から、人々の交流は、あるいはことばは、山や川など自然の地形的な障害によってさえぎられるとともに、藩の制度が続いた江戸時代は、各藩の間の交流もなく、つまり人と人とのコミュニケーションが意図的に妨げられていた。このため、藩自体が独自のことば＝方言の壁や境界となり、日本の方言の多様化がこの時代に最も進んだと言われ、各地の方言が大活躍の時代でもあった。

明治に入ると、このような方言によるコミュニケーション難を解消し、日本語の統一を図るため、明治政府は、東京語を母体とする標準的日本語を制定し、標準語教育を進めた。当時の標準語は教科書や新聞・雑誌の文章、あるいは小説などにも使われたが、それらはあくまでも書きことばであり、話しことばとしての標準語は、地方の人たちがほとんど耳にしたことのない「幻のことば」であった。

つまり明治から大正にかけての日本は、依然として各地方ごとの方言に満ち溢れており、例えば青森県出身の人と鹿児島県出身の人が会話をすると、こんな具合になっただろうと推定される。これはお互いの方言の意味が分からないので、本来、会話にはならない、あくまでもバーチャルな会話である。

（青森県出身の人）「すたどこで、なっしゃんずよ?」

（鹿児島県出身の人）「きゅな、いっぺこっぺ、でっさるいて、すったいだれもした」

ほとんどどこにも共通語が見られないので、恐らくそれぞれの地元以外の人は、誰も理解できないのではないだろうか。この会話は、「そんな所で何をしているの?」と聞かれたのに対して、「今日はあっちこっち出歩いて、すごく疲れたんだ」と答えている。北と南の極端な例かも知れないが、今から九十年ほど前まで、日本列島の住人たちは方言で大変な苦労をしていたのである。

やがて大正十四年（一九二五）三月二二日。午前九時三〇分に東京・芝浦の仮放送所から、ＮＨＫの京田武男アナウンサーによるラジオ放送の第一声が、全国に流れた。「ＪＯＡＫ，ＪＯＡＫ。こちらは東京放送局であります。」方言だらけの日本列島に流れたこのラジオ放送によって、地方の人たちは、東京語を母体にした生の標準語を初めて耳にしたのである。

ところが昭和に入ってからも、地方によっては方言が根強く息づいている地方もあり、全国をくまなく歩いていた民俗学者の宮本常一は、鹿児島県の大隅半島での経験をこう語っている。「戦前、旅をしていて方言の分からないのにさびしい思いをしたことが一再ならずある。（大隅半島の東）海岸の民家に泊めてもらった時、宿は貸してくれたが、その前に詐欺師の旅人を泊めて大変迷惑したとかで、話し相手になってくれない。いろりのそばで家族の者が楽しげに話して時々笑いこけるのだが、私にはそれが何のことだか分からない。人の笑うとき私も笑ってみたのであるが、どうしようのない一晩であった。」彼はこの時、標準語コンプレックスを心に抱いたという。

先に触れたようにＮＨＫのラジオ放送がスタートして以来、九十二年が経過している。これに伴い現在九十二歳のお年寄りは、生まれた時、自宅にラジオがあればその時から無意識のうちにラジオ放送による標準語（現在は共通語）の洗礼を受け、その後の学校での標準語教育に加えて、やがて開始されたテレビ放送を含めて標準語の影響を受け続け、今では、生まれ育った地域の方言と共通語を使い分けるバイリンガル・シニアとなっている。

方言ミニ知識15

「まっさか」「ねこ」などは三重固有のアクセント

三重県の伊勢方言、伊賀方言、志摩方言のアクセントは、基本的には京都・大阪を代表とする京阪式アクセントだが（違うものもあるが）、中には三重ならではのユニークな固有のアクセントも聞かれる。具体例を少し紹介しよう。アクセントを二線譜で表しているが、音楽のドレミのように下の線をド、上の線をミと考えて「ドミドド」とか「ミドドド」などと発音すると分かりやすいと思う。

地名の「松阪」は、通常「まつさか」とか「まつざか」と読むが、地元松阪の人は「まっさか」または「まっつぁか」（年配の人に多い）と促音を入れて読む。これは、大阪の人形、おもちゃ、花火の卸問屋が並ぶ松屋町（まつやまち）を、「まっちゃまち」と発音するのと共通している。「まっさか」のアクセントは、東京式も京阪式も二線譜のように「つ」を高く発音し、ドミドド

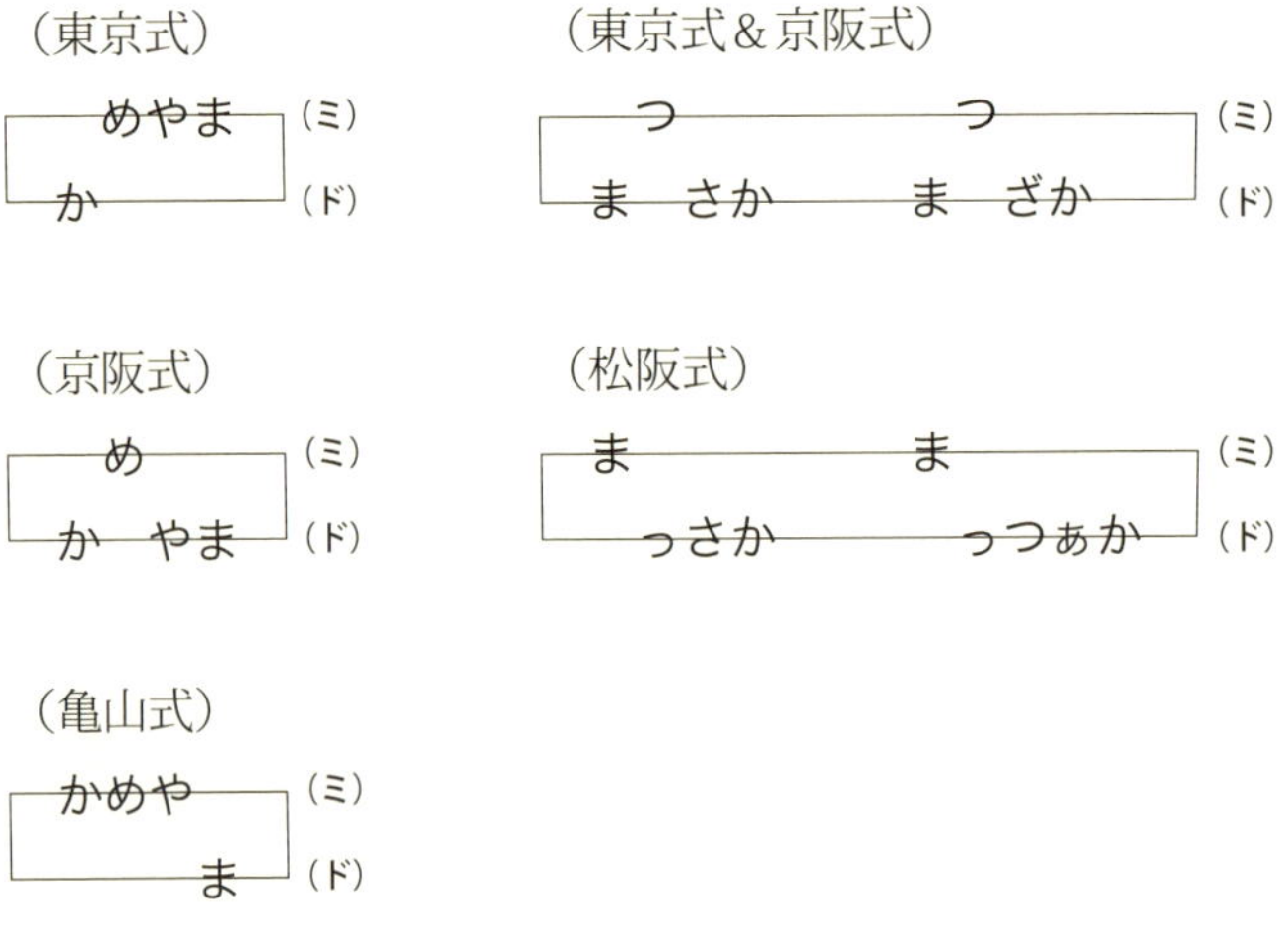

となる中高型アクセント。一方、地元松阪のアクセントは「ま」を高く発音しミドドドとなる頭高型アクセントである。

別の地名の「亀山」のアクセントを地元の人が発音すると、東京式や京阪式と違って、「かめや」を高く、「ま」を低く発音する特有のアクセントでミミミドとなる。

地名ではないが、松阪市出身で三重テレビ放送の一色《いっしき》克美アナウンサーは、「猫《ねこ》」のアクセントを、三重の人は二線譜のように「こ」を高く尾高型アクセントで発音すると指摘する。他県ではあまり耳にしない三重固有のアクセントと言っても良いだろう。

同じ三重テレビ放送の坊農《ぼうの》秀治アナウンサーは、奈良県の出身だが、三重の人が発音する「手紙（てがみ）」のアクセントについて、「これは独特のアクセントですわ」と言う。筆者も初めて聞く中高型アクセントだ。アクセントといえば、東京式アクセント＝正しい、地域のアクセント＝正しくないと誤解されることがあるようだが、あくまでも東京式アクセントは、共通語としての一応の基準であり、

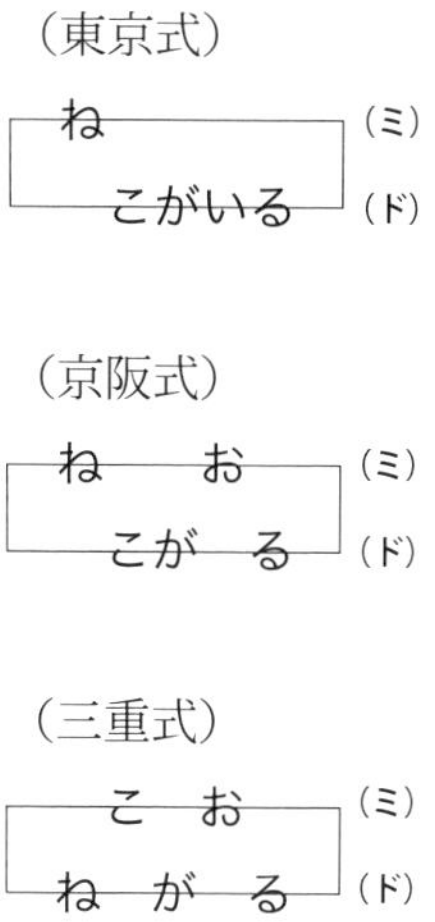

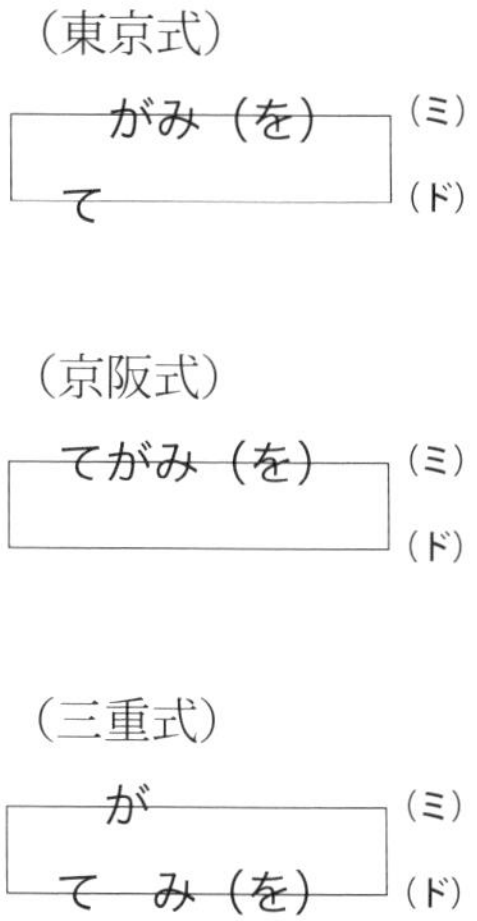

アクセントは正しいとか正しくないというものではない。東京を含め地域ごとのアクセントは特色があり、地域文化として、それぞれ尊重すべき対象である。あえて正しいとか正しくないという表現を使うなら、地域ごとのアクセントはすべて正しいということになる。

方言ミニ知識16

東紀州・紀伊長島の独特なアクセント

県内各地のアクセントはもちろん、全国のアクセントの中でも東紀州のアクセントは独特で、全国屈指の複雑なアクセント分布地域と言われている。東紀州のうち、紀伊長島（紀北町）出身の人に発音してもらったことばのアクセントを二線譜に採譜すると次の通りになる。音楽の楽譜のように、二

おはようございます

（東京式）
はよう　ざいま　（ミ）
お　ご　す　（ド）

（紀伊長島）
よう　す　（ミ）
おは　ございま　（ド）

ありがとうございます

（東京式）
り　ざいま　（ミ）
あ　がとうご　す　（ド）

（紀伊長島）
とう　す　（ミ）
ありが　ございま　（ド）

ジャスミンの香り

（東京式）
ジャ　おり　（ミ）
スミンのか　（ド）

（紀伊長島）
ジャスミンの　り　（ミ）
かお　（ド）

クレヨンしんちゃんのカレー

（東京式）
レヨンし　　　　　　レー（ミ）
ク　　んちゃんのカ（ド）

（紀伊長島）
しんちゃんの　ー（ミ）
クレヨン　　　　　カレ（ド）

人名＝たかし・まゆみ・ゆうへい・かおり

（東京式）
た　　　ゆみ　　うへい　　おり（ミ）
かし　ま　　　ゆ　　　　か（ド）

（紀伊長島）
か　　ゆ　　　へい　　お（ミ）
たし　まみ　ゆう　　　かり（ド）

線譜の下の線をド、上の線をミと考えて「ドドミミ」「ドミド」などと発音し、東京式アクセントと比較してみよう。

ほんの少しの語数例ながら、人名を除き、紀伊長島のアクセントは語尾が高くなるなど法則性らしきものが見られる。

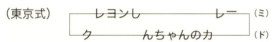

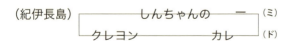

「イロハニホヘト」の三重アクセントは？

最近はあまり耳にしないが、四十七文字の「いろは歌」を短縮したことば「イロハニホヘト」を各地でどのようなアクセントで発音しているかについて調べたことがある。各地の民放局、例えば青森放送や中国放送、琉球放送などの地元出身のアナウンサー複数に、電話で聞き取り調査をし、二線譜に採譜した。その結果、表1のように地域ごとに特色のあるアクセントで発音していることが分かった。

（表1）

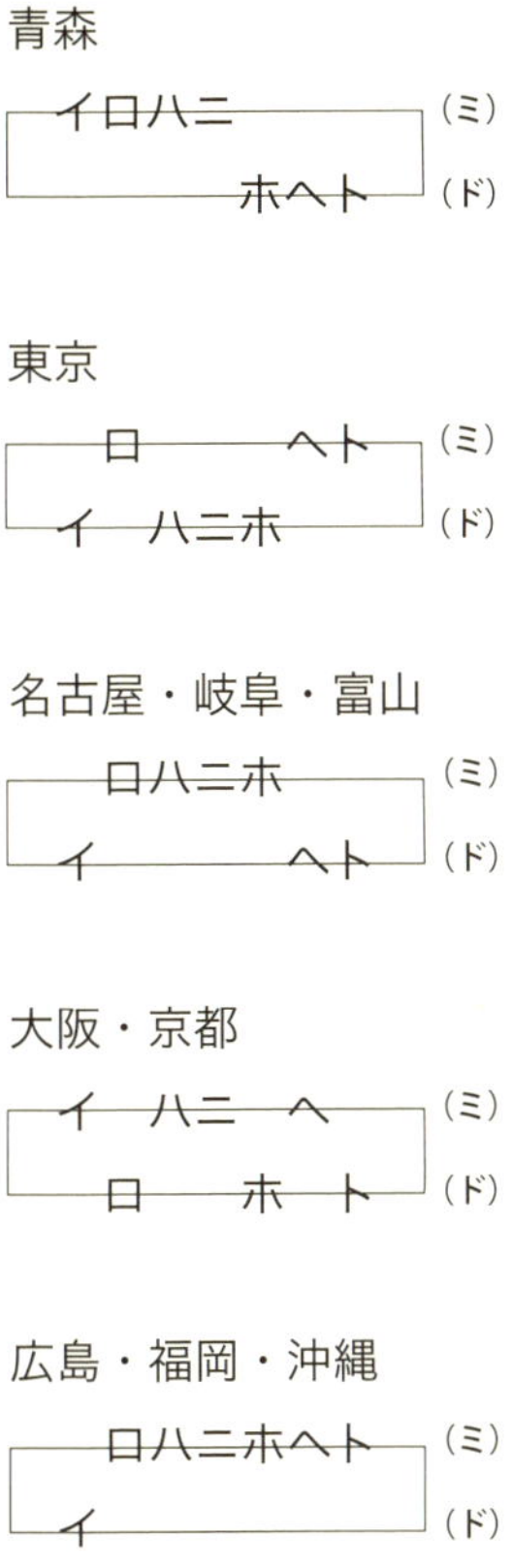

では、地元三重県では「イロハニホヘト」をどんなアクセントで発音しているのだろうか。桑名・四日市・津・松阪・伊勢の各市役所および長島町のそれぞれ複数の職員の方を対象に、電話で聞き取り調査を行った。すると、アクセントは一〇のタイプに分かれたが、多かったのは表2の①②③のタ

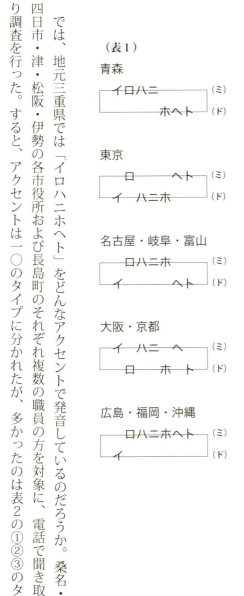

イプだった。

このうち①は名古屋・岐阜・富山と同じ。②は大阪・京都に近い型。③は前半が青森、後半が大阪・京都タイプだった。④は三重テレビ放送の一色アナウンサーが発音する地元アクセントだが、前半が東京式、後半が京阪式という面白い結果になっている。あなたは三重のどのタイプだろうか？

（表2）

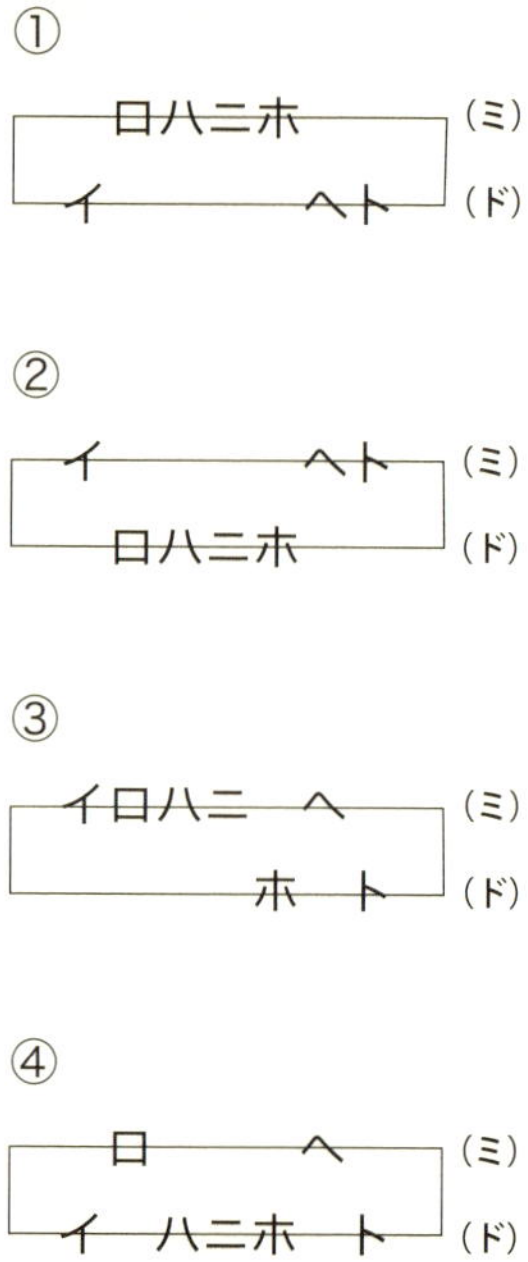

方言ミニ知識18

同じ出身地なのに知らない方言があるのは何故？

皇學館大学で実施した「これぞ三重弁アンケート調査」のまとめを見た学生たち何人かが「同じ出身地なのに知らない方言がある」という次のような感想を書いている。

「津の方言なら大体知っているつもりでしたが『いんぎり（＝すごく）』や『こずたん（＝前）』という方言は知りませんでした」「松阪の方言の中でも『おたえ（＝私）』や『ごきやん（＝ゴキブリ）』などは使ったことがなく、『おたえ』は意味も分からなかった」「津の出身なのに津の方言が分からなかった。『あめる（＝くさる）』とか『あんご（＝アホ・バカ）』などは初めて聞きました」「私は伊勢の出身ですが同じ伊勢の友だちに『キョンキョン（＝ガリガリ・細い）』と言っても通じませんでした」「津市内の方言でも『あばばい（＝まぶしい）』など使ったこともないことばがあった」

津市内や松阪市内、伊勢市内あるいは他の市町村でも、同じ地域に住んでいる人同士が、ある方言を知っていたり、知らなかったりするのは、一体何故なのだろうか。

良く知られているように、明治時代からスタートした学校における標準語（今の共通語）教育と、大正末期のＮＨＫラジオ放送開始から始まったラジオ・テレビによる共通語放送が長年続けられてきた結果、全国的に共通語が広がり浸透したと言っても過言ではない。このように全国どこでも通用する便利な共通語の普及に伴って、各地の方言が使われなくなり、かなり以前から方言の衰退傾向が見られるようになっている。

昔は、三世代同居ということが珍しくなく、お年寄りが生活の中で、孫たちに村（地域）のことば＝方言を教えたり、伝えたりしたものである。いわば自宅で「ミニ方言指導教室」が開かれ、暖かいコミュニケーションの場にもなっていた訳である。人間には、その人の一生のことばの基層を形づくる言語形成期（五、六歳〜十二歳前後）という大切な時期があるが、かつては、ちょうどこの時期に子どもたちがお年寄りから（もちろん両親からも）方言を学び、それを形づくる語彙、アクセント、語法（文法）、音韻の四要素を自然に身につけることが出来たのである。

ところが、社会の構造や人間のライフスタイルが変化するのに伴って、使われなくなる方言も出てくる一方、核家族が進み、通信手段や交通手段の進歩によって、お年寄り自身も活動範囲や交流範囲が広くなり、今では共通語と方言を使い分けるバイリンガルおじーちゃん＆おばーちゃんが増えている。このため、孫たちの世代に方言で話したり接する機会が決定的に少なくなり、残念ながら貴重な「方言教育」の場がなくなっている。

では、学校での方言教育はどうかというと、三重県内の小学校五年生の国語の授業では、見開き半分、たった一ページで「方言と共通語の違い」を学び、中学二年生になると「方言と共通語」について二ページの見開きで少しだけ具体例が紹介され、学ぶことになる。もちろん小中学校とも、国語の先生たちが「三重の方言」や「方言と共通語」について独自のサブテキストや資料を作っているケースもあるだろう。

しかし、方言については、ウソのような授業時間数で、地域の方言を学ぶ時間はほとんどないのが実情である。また、これまでの市町村合併によって（あるいは合併がなくても）例えば、同じ市内でも行ったことがないような地域のことばは聞く機会もないので、知らないケースがあっても不思議ではない。

このように、地域のことばをお年寄りからも、学校でも十分に学ぶことができず、地元の方言を知る機会がないため、同じ地域に生まれ育っても、方言を知らない、あるいは方言語彙を共有できない状況になっていると考えられるのである。

方言ミニ知識19

あなたは「手袋をはく」三重県人？

三重県の特色ある方言の一つに「手袋をはく」がある。共通語では「手袋をはめる」か「手袋をする」という。皇學館大学の学生に対する「これぞ三重弁アンケート調査」では、わずか二人の学生が「冬は手袋はかなさぶい」「手袋はいてない手、ひやかくなるんなー」と使用例文を記入している。

「はく（履く）」という表現は、「靴をはく」「靴下をはく」「ズボン（ジーンズ）をはく」など、主に下半身に身につけるものに使う場合が多い。だから「手袋をはく」というと、手袋に足を突っ込もうとして四苦八苦している滑稽なシーンを連想することになるかも知れない。

では県内では、「手袋をはく」人が多いのか、「手袋をはめる・する」人が多いのかについて、県内一〇市町役場を中心に聴き取り調査を行った。聴き取りをした対象の人数は、少ない役場でも四～五人、多い場合は一〇人から十五人の職員や地元の人たちの協力を得た。

その結果、「手袋をはく」のは、津市一志町、松阪市、伊勢市、志摩市、紀北町、尾鷲市の六市町で、中南勢から東紀州まで分布している。一方「手袋をはめる・する」と答えたのは、桑名市、四日市市、菰野町、津市の北勢から中勢にかけての四市町であることが分かった。一志町の年配の人の中には「手袋をさす」という人もいるとのことだった。この結果を見ると、「手袋をはく」の使用市町である津市一志町、松阪市、伊勢市、志摩市、紀北町、尾鷲市と、約五五〇人の学生たちの出身地が重なる地域もかなりあるため、「手袋をはく」を方言と認識していない学生も相当数いた可能性がある。

方言ミニ知識20

北海道の「手袋をはく」は開拓三重県人がルーツ？

「方言ミニ知識19」で紹介した「手袋をはく（＝共通語で「手袋をはめる」）」の仲間は、実は北海道や青森、兵庫、徳島、香川にも広がっている。北海道では「手袋、はいたかい？」と言ったり、「今日はしばれるから、手袋はいて行った方がいいんでないかい？」などという。ちなみに国立国語研究所の調査によると、北海道で「手袋をはく」を「使う」と答えた人は、富良野市で九三．四％、札幌市で七七．八％となっており、道産子の使用率は非常に高いことが分かる。

その北海道へは、かつての開拓時代に三重県からも多くの人が移住している。上富良野町史によると、そのトップを切ったのは津の岩田組合で、明治二七、二八両年に八〇世帯が新天地に移り住み、開墾に着手した。同二九、三〇両年には、木曽川改修に伴って伊曽島・長島・木曾岬の約七〇世帯が苫前郡古丹別原野に移住している。

また、平成九年発行の『上富良野百年史』によると、明治三〇年三月十七日付の伊勢新聞は、安濃郡出身の田中常次郎が率いる三重団体について次のように伝えている。「北海道移住民、安濃郡一三九名、一志郡八九名、河芸郡五九名、鈴鹿郡八九名、度会郡七名、三重郡七名、志摩郡二一名、合計四一一名は来二十六日四日市発汽船にて小樽港へ向け出発すべし。尤も小樽より空知迄汽車にて達し、空知郡フラヌイの原野へ移住の筈なり」。「フラヌイ（フラヌーイ）」は、活火山の十勝岳から流れ出る水が硫黄臭く、この一帯が泥炭地帯であったことから「臭くにおう泥土」の意味のアイヌ語。

ラベンダー園が広がる人気の観光地、富良野の語源だ。
明治十五年から昭和一〇年にかけて三重県人四九一四人が北海道に渡ったが、入植した地域は、美唄市、赤平市、歌志内市、南幌町、富良野市、上富良野町、南富良野町、苫前町、帯広市などであった。

前述のように、富良野市では「手袋をはく」という表現を使う市民が九三・四％と使用率が高い。これは、現地を開拓した三重県人がふるさと三重で使っていた「手袋をはく」を持ちこみ、道産子の間に広めた可能性もある。

第三章
三重のことば小辞典

■「三重のことば小辞典」について■

（1）語彙をアイウエオ順に並べ、①三重弁の語彙、②共通語の意味、③使用例文、④語彙が使われている地域名…の順に表記した。

（2）アイウエオ順の語彙のあと、語尾ページに「伊勢の「なことば」」や「〜やん」などの語尾につくことばをつけ加えた。

（3）◆印のついた語彙は、簡単な解説を加えた。

（4）＊印を入れた語彙は、他人を侮蔑したり差別しているニュアンスがあり、聞いた人が不快な思いをしたり、不愉快に感じたりする可能性があるので、使用に当たっては配慮が必要である。

ここに掲載する三重のことば・三重県方言は、皇學館大學で担当した「表現（話し方）」及び「表現演習Ⅰ・Ⅱ」の受講学生のうち三重県出身の学生（三重弁の話者）を対象に、二〇〇四年から二〇一二年まで実施した「これぞ三重弁アンケート調査」の結果を八年分まとめたものと、三重県内の各自治体の職員の方々、及び県民の方々から聞き取り調査をしたり取材をしたことばが基になっている。

学生に対するアンケート調査は、三重県内の出身で言語形成期（五〜六歳から十一〜十二歳頃）を県内の居住地域をほぼ変わらずに育った学生たちが、日常生活の中で使うことばや、両親、祖父母から聞き取った三重弁を、①語彙、②共通語の意味、③使用例文の順に用紙に記入し、毎年学生たち自身がまとめ発表するという形をとった。

それら八年分をさらにまとめてみると、記入した学生総数は約五五〇人、集まった三重弁の語彙数は約一三〇〇語であった。しかし語彙の重複や不正確な記入をのぞくと総語彙数は半数以下に減った。さらに記入された①語彙、②共通語の意味、③使用例文…の正確さを期すため、県内各自治体の地元出身の職員の方々および地元出身者などに連絡をとり、聞き取り調査や確認取材を行なった。この調査および取材を通じて、アンケート調査以外の語彙が新たに追加された。その結果、小事典の語彙数は、新たに加えたものも含め、五八一語となった。三重弁と言われる語彙のほんの一部である。

これらの語彙を見ると、やはりベースとなった学生たち＝若い年齢層のカジュアルな三重弁が特徴的である。受講学生の出身地が多い、津市や松阪市、伊勢市、志摩市など中南勢のことばが中心であり、北勢や伊賀、東紀州のことばも含まれるもののやや少数である。使用地域は、調査票に記入した学生の出身地と、調査・取材した自治体の地名を示しているが、語彙によっては、表記されていない地域でも使用されている可能性がある。

登場する語彙の中には「こんなん知らんなぁ」とか「初めて聞いたで」と言う方がいるかも知れない。同じ三重県出身なのに知らない三重弁があったとしても、さほど不思議なことではない。広い三重県内には多様なことばがある上、誰もが地元の方言についての教育を受けたり学習する機会もほとんどないので、むしろそれは自然なことと思える。

また当初のアンケートが三重県方言の学術的な調査のためではなく、共通語の浸透によって全国的に徐々に姿を消している地域語＝方言の存在を知り、地域文化の核でもあり、地域人のアイデンティティーでもある三重弁を学び、触れることが主眼だったので、小辞典も県下全域で日常的に良く使われる共通の方言や、各地域ならではの特色あることばを取りあげるようにした。

しかし、読者の中には「抜けとる三重弁がまだまだあるぞー」という方もいると思う。広い県内で全域的に共通する方言、限られた地域の特色ある方言…抜けている「これぞ三重弁」について、①語彙（単語）、②共通語の意味、③使用例文、④使用地域…をご教示いただければと思う。とまれ不十分ながらも、この小辞典が何らかのお役に立てれば幸いである。

あ

あいさ・あわいさ↓間、すきま、間隔「そこのあいさに、置いといたらえーよ」「そこのあわいさに本入れといて」津・松阪

あかごう（**「あかがしら・がしら・がし」**とも）↓かさご「海老あみに、あかごうがかかっとった」志摩

あがと↓自分で「この宿題は、あがとでやんない」度会

あかん↓駄目、いけない「一人で外へ行ったらあかん」長島・鈴鹿・津・松阪・名張・伊勢「あかんわぁ、二人しか乗れやん」朝日・川越・桑名・津・松阪・伊勢・多気・度会・大紀・御浜・紀宝

あきしん↓出来ない・駄目「そんなことは、あきしん」長島

あくかさ↓駄目じゃないか「そんなこと、あくかさ」亀山

あける↓捨てる「ゴミ、あけといて」志摩

あーこわ・あーこわっ・あこわ↓恐ろしい、怖い、びっくりした（驚いた時のおばあちゃん用語）「あの車、五〇〇万円やて」「あ、こわっ！」津・伊勢「おばーちゃん、わたし今日、残業入れて十時間もバイトしとったんやでー」「あー、こわ！」亀山

あじぇぼじぇ↓めちゃくちゃ「折角の計画があじぇぼじぇや」南伊勢・度会

あじごはん・あじめし↓五目ごはん・五目飯「今日は、味ごはんやでー」松阪・明和

あじない↓おいしくない・まずい「このごはん、味ないなぁ」木曽岬・長島・朝日・川越・東員・四日市・津・名張

あじょ↓あなた・お前「あじょは、どこ行くん？」桑名・伊勢・志摩

あたたい↓熱い「このお茶、あたたて、飲めやん」伊勢
あっかい↓真っ赤・赤い「このトマト、あっかいなぁ」津・度会
あっこ↓あそこ・あちら「あっこにあるパン、ちょーだい」四日市・津・伊勢
あばばい・あばばよい・あぱぱい↓まぶしい「あばばいで、カーテンしめな」「先生の頭、あばばい」津・名張・松阪・多気・伊勢・鳥羽・南伊勢・度会・志摩・大紀・尾鷲・熊野など県内の広い地域に分布
あほ＊↓愚か者、馬鹿「あんた、あほやなぁ」「あほちゃうか」「なんでこんなことしたんやろ、あほやなぁ」木曽岬・長島・川越・朝日・桑名・四日市・津・伊賀・松阪・伊勢・大紀・尾鷲・熊野・御浜・紀宝
あーほーなん？↓あ、そうなの？「きのう大阪行ってきたんやで」「あーほーなん？」伊勢
あまめ↓ゴキブリ・ゴキブリの子ども、油虫「あまめが出た！」「冷蔵庫の下にあまめがおるんな」伊勢・度会
あめる↓腐る・腐っている「この弁当、あめっとるなぁ」二見「このカレー、あめとるやん」松阪・伊勢・南伊勢・度会・志摩
あら↓新しい、さら「あらのガムテープ持って来て」津
あらける・あなける↓整理する「そこの荷物、あらけといて」志摩
あらへん↓ない「自信あらへんわー」津「もう酒あらへんなぁ」松阪「ケータイ、あらへんのやけど」朝日・川越・菰野・津・伊勢・多気・度会
あらくたい↓荒々しい・荒っぽい・無茶な「君の運転はあらくたいんや！」伊勢・度会
ありえへん↓あり得ない「海外に行く社員家族旅行の費用を全額会社持ちとか、ありえへん」朝日・川越・菰野「そんなん、ありえへん」松阪・多気
あるがはて↓ついに・結局「長いこと待ってたけど、あるがはて、ふられてしもた」伊勢・志摩

あわい↓塩気が足りない・塩味が薄くて水っぽい「この味噌汁、あわいなー」津

あんき↓安心「あんたと一緒やったらあんきやわ」伊勢

あんご・あんごう＊↓アホ・バカ・まぬけ・動作が鈍い「ほんまに、あいつ、あんごやなぁ」津・松阪・度会・志摩・大紀

あんごさく＊↓アホ・バカ・まぬけ・動作が鈍い「あんた、あんごさくやなぁ」津・伊勢・南伊勢・度会・志摩

あんごし＊↓アホ・バカ・まぬけ・動作が鈍い「いらんことばっかりして、ほんま、あんごしやわ」伊勢・鳥羽・志摩

あんぽんたん＊↓アホ・バカ・愚か者◆「あんぽんたん」は漢字で「安本丹」と書き、元々は薬の名称。「あいつ、あんぽんたんやなぁ」木曽岬・川越・東員・四日市・明和・南伊勢・多気

い

いかつい↓元気が良い・力強い「今年の新入社員は、みんないかついなぁ」伊勢・鳥羽・志摩

いかん↓駄目・いけない「そんなことしたら、いかんわ」木曽岬・長島・四日市・津・松阪・伊勢・大紀

いかん？↓行かない？行きませんか？「今から、どっか行かん？」松阪・伊勢

いきしな↓行く途中「行きしなに、友だちと会う約束や」津

いごく↓動く「この人形、いごくでー」松阪・鳥羽

いじ↓つむじ「いじて、頭のてっぺんのことやろ。言わへん？」伊勢

いじくさり・いじくされ＊↓意地悪・意地っ張り「小さい頃から○○はいじくさりやった」伊勢・志摩

いだ↓どれどれ「いだな、わしがしたろん」伊勢

いっぷり↓短気「あの子、いっぷりやなぁ」伊勢

いてる↓凍る・凍りつく・凍える「道路がいてるわ」松阪

いな↓お前・あんた・相手の人「いな、人の話、聞いとんのか?」「いな、何歳になったん?」尾鷲・御浜

いぬ・いぬる↓帰る・去る「おばーちゃん、もう遅いで、そろそろいぬわー」「これからいぬるつもりやった」伊賀

いのら↓お前たち「いのらにゃー、何しとんじょ」大紀・紀伊長島

いびこしい↓気色が悪い・(鳥肌が立つように)気持ちが悪い「蛾ぁーがよーけ集まって、いびこしいわ」伊勢・志摩

いまし↓たった今・つい今しがた・ついさっき・今どき「いまし、着いたばっかり」松阪・伊勢・度会「いまし、何時?」志摩「いましの若い者は」松阪・明和・伊勢・南伊勢

いらう・いろう↓さわる・触れる・いじる・もてあそぶ「それ、いらわんといて」津・亀山・伊賀「貝殻いろたら、手ぇー切るでー」鈴鹿・津・伊勢・大紀・紀宝

いらんこと↓余計なこと「いらんこと、するな」菰野・鈴鹿・津・松阪・度会・志摩

いる↓入る「今から風呂にいるわ」「先に風呂にいってもえーよ」津・松阪・多気

いわす↓やりこめる・こらしめる・キレる・怒る「あいつを、いわしたる」志摩「ええかげんにせんと、いわすぞ」玉城

いわんや↓言ってはいけない「そういうことは、言わんや」多気

いんぎり↓すごく・とても・大変「今日は、いんぎり、しんどい」津

いんのか?↓要るのか?必要なのか?「この資料の山、ほんまにいんのか?」多気

う

うざ↓雑・いい加減・丁寧ではない「私の字ぃー、うざなんや」松阪・明和・伊勢
うざい↓うっとうしい・うるさい「何回もおんなじことゆーて、うざいわ」木曽岬・朝日・川越・東員・四日市・明和
うざうざ↓だらしがない・いい加減・不真面目「あいつ、うざうざやなー」津
うざこい・うざこ↓うっとうしい・しつこい「そんなに寄ってこんといて、うざこいなぁ」木曽岬・朝日・川越・東員・四日市・明和
うち↓わたし「うち、感動したわ」津・松阪・多気・伊勢
うちゃる↓壊す「子どもがおもちゃをうちゃってしもた」志摩
うちゃれる↓壊れる「テレビが、うちゃれてた」志摩
うっとい↓うっとうしい「お前、うっといんやわ」菰野・伊勢「虫がうっとい」伊勢
うっとこ↓私の家・我が家「あした、うっとこ、来て」松阪
うるくさ↓打ち身・青あざ「足にうるくさ出来たわぁ」伊勢・志摩
うるさい↓邪魔・うっとうしい「前髪がうるさいから切った」津・南伊勢・「うるさい天気や」伊勢
うるさい↓雨でじめじめする・雨にぬれてベタベタ「今日も雨がうるさいなぁ」「雨で服がぬれてうるさい」伊勢・度会

え

ええ↓良い「あんたぁ、ええ子やなぁ」桑名・朝日・川越・津・松阪

ええふうしとる↓ちゃんとした服装をしている・お洒落な服装をしている「今日は、ええふうしとる」伊勢

えげる↓あきる・食べ飽きる「油もんばっかり食べとると、えげってくるわ」志摩

えらい↓疲れる・くたびれる・だるい（他に「偉い・大変な」の意味も）「どうしたん、えらいの？」「風邪ひいて、えらいわ」「あー、えらっ！」木曽岬・長島・桑名・朝日・川越・四日市・鈴鹿・津・伊賀・松阪・明和・多気・伊勢・南伊勢・鳥羽・度会・大紀・御浜・紀宝

えらいこっちゃ↓大変だ・大変なことだ「寝坊して、会社遅刻や、えらいこっちゃ」木曽岬・長島・朝日・川越・東員・四日市・伊勢・南伊勢

えんごと↓きちんと・ちゃんと「腕振って、えんごと走れ」伊勢

お

おい↓おいで・来い「こっち、おいー」亀山・津

おいでた↓いらっしゃった・来られた「誰か、おいでた？」津・松阪

おいない・おいないな↓いらっしゃい・おいで・来なさい「あした、うちにおいない」松阪・名張・多気・伊勢・志摩

おいね↓妻が年上「あそこの夫婦はおいねや」多気
おいねる↓背負う「籠をおいねて百姓仕事するんや」多気
おいねかす↓押し付ける「嫌なことを他人においねかしたらあかん」伊勢・多気「何から何までおいねかされてもかなわん」玉城
おうた↓会った「きのう、あいつにおうたよ」朝日・川越・菰野・亀山・津・松阪・明和
おおきに↓ありがとう「この前は、おおきに」「こんなによーしてくれて、おおきに」木曽岬・長島・松阪・伊勢・度会
おおきん・おおきんな↓ありがとう「家まで送ってくれておおきんな」四日市・松阪・多気・伊勢
おおちゃくい・おちゃくい・おっちゃくい↓やんちゃな・生意気な・行儀が悪い・傲慢な・危なっかしい・いい加減「あの子は、ほんまにおおちゃくいなぁ」津「おちゃくい子どもやなぁ」菰野・朝日・川越「おっちゃくい運転するなー」木曽岬・四日市・鈴鹿・亀山
おおとっちょーれ↓（感嘆詞）あれまー・びっくりしたなー「おーとっちょーれ、がいなもんじゃ（もんやにゃー）」尾鷲
おくんない↓下さい・ちょうだい「その本、おくんない」松阪・伊勢・度会
おげおげ↓めちゃくちゃ・でたらめ「あんたの恰好、おげおげ」松阪
おこしなして↓いらっしゃいませ「おこしなしてー、どうぞ上がって」松阪・多気
おごし↓かかと「おごしが痛いんや」度会
おしまいなして・おしまいなーて↓お先に・こんばんは・さようなら・おやすみ◆主にお年寄りが、夕方に交わす挨拶。例えば、高齢のおばあちゃん三人が、井戸端会議を開いていて、夕方先に帰る人が帰りがけに「お先に」の意味で「おしまいなして」と声をかける。また、近所のおばあちゃんが

別のおばあちゃん宅を夕方訪ねた時に、「こんばんは」の意味で「おしまいなして」と言いながら家に入る。さらに、そのおばあちゃんが、帰りぎわに「さようなら」や「おやすみ」の意味で「おしまいなして」と言いながら家を出る。玉城・大台・多気（昔は夕方、農作業を終えた人が近くの田畑でまだ作業をしている人に、「お疲れさん、もうそろそろ片付けたら?そしたらお先に」というような意味で使っていた挨拶と考えられる。）

おじくそ＊↓臆病者・弱虫「うちの犬、おじくそなんさ」伊勢「ほんまに、おじくそな奴やなぁ」志摩・大紀・御浜・紀宝

おじくそたれ＊↓臆病者・弱虫「わし、おじくそたれや」大紀・尾鷲・御浜・紀宝

おたい↓私・自分「おたいの歯ブラシどこ?」津・伊勢「今日、おたいの誕生日やねん」伊勢・志摩

おたえ↓私・自分「それ、おたえがするわー」松阪「おたえんとこ寄ってきい」伊勢

おだつ↓ふざける・はしゃいで騒ぐ・調子に乗って騒ぐ「いい加減おだっとったら、あかんにー」「うるさい！おだっとるな！」木曽岬・朝日・川越・いなべ・菰野・四日市・鈴鹿

おちん↓おやつ「3時のおちん食べよ」伊勢

おっさん↓住職・僧侶・坊さん◆もとは禅宗の和尚のこと。「おしょうさま」↓「おっさま」↓「おっさん」と変化。アクセントは、「お」を高く発音する。「お葬式におっさんが来てくれる」松阪・伊勢

おって↓居（い）て「ちょっと、そこに、おってな」鈴鹿・津・伊勢・度会・志摩

おとしゃい↓びっくりした時・驚いた時のことば「おっとっしゃよー」「おとっしゃ」志摩「おとしゃよー」大台

おなか大きい↓おなかが一杯・満腹「食べすぎて、おなか大きいわぁ」伊賀・津

おひき↓お返しの品・お礼・「おため」ともいう。「お礼におひきもろたわ」津・松阪・伊勢・志摩

おぼたい↓重い「おぼたいで、気ぃーつけや」木曽岬・朝日・川越・いなべ・東員・菰野・鈴鹿

おまん↓お前「そやかて、おまん、今すぐ帰るんけ」四日市

おみ↓あなた・お前「これ、おみの分やよ」志摩

おめく↓叫ぶ・大声で呼ぶ・怒鳴る・わめく「そんなに、おめくな」四日市「お前、なに、おめっきょんどー」尾鷲

おもしゃい・おもしょい↓面白い「あのテレビ番組、おもしゃいよ」伊勢・志摩・多気「あの人、めっちゃ、おもしょいね」桑名・朝日・川越

おもろい↓面白い「このマンガ、おもろいでー」津・多気

おもんない↓面白くない「あの人の話、おもんない」津

およぶ↓取る「そのコロッケ、およんで」伊勢

おらげ・おれげ↓自分の家「今日はまだ、おらげに帰ってない」志摩「今度、おれげ、こいさ」津

おらん↓いない「今日は、子どもがおらん」県内ほぼ全域

おる↓居（い）る「先生おる?」県内ほぼ全域「そこにおるよ」志摩

おわえる↓追いかける・追う「いまし、犬が猫をおわえとった」伊勢

か

かい↓かゆい「汗かいたで、頭かいーわ」津

かいだりー↓具合が悪い・疲れている・だるい「今日はかいだりよー」大紀・紀伊長島・尾鷲・御浜・紀宝

かいだるい↓具合が悪い・疲れている・だるい◆腕怠い（かいなだるい）が語源。「今日は、なんか体が

かいだるいわ」松阪・多気・伊勢・鳥羽・度会・志摩

がいな↓大きな・とても大きな・立派な・すごい「これはがいな魚やねぇ」松阪

がいに↓とても「この間釣った魚、がいに大きな魚やったわ」松阪・伊勢

かいらし・かいらしい↓可愛らしい「これ、かいらしなぁ」紀伊長島「かいらしい子やなぁ」四日市

かげん↓具合・都合「あそこ、バックで駐車するの、かげん悪ない？」伊賀

かざ↓匂い・香り「うなぎ屋の前は、ええかざするなー」亀山・伊賀・松阪

かしわ↓鶏肉・鳥肉◆天保年間、大阪の北堀江に「鳥宗」という店があった。これが「かしわ屋」の始まりといわれ、「かしわ」が上方から全国に広がった。今も鶏肉の意味で「かしわ」といっているのは大阪、京都を中心とする関西一円と三重、愛知、岐阜の中部地方の他、福岡、大分など九州の一部である。「鍋にかしわ入れてー」「今日の晩ごはんは、かしわのホイルやき」朝日・鈴鹿・津・伊勢

(米を) かす↓(米を) とぐ・(米を) 洗う◆平安時代の漢和辞典『新撰字鏡《しんせんじきょう》』に「米加須」と書かれている古語。「ちょっと、お米、かしといて」木曽岬・朝日・川越・長島・桑名・いなべ・菰野・四日市・鈴鹿・津・伊賀・松阪・伊勢・鳥羽・大紀

かずゆき・かずいき↓年寄り・老人「あんた、そんなかずゆきやった？」多気

かする↓(カードやトランプを) きる・まぜる「お前、カードかすって」伊勢「大富豪やるから、トランプかすってくれやん？」いなべ・朝日・川越・東員・菰野・四日市・鈴鹿・津

かたす↓片づける・移す「お皿、かたして」度会

(家の) かど↓(家の) 前・門の前・門口「家のかどで待っとって」四日市

かなん・かなわん↓かなわない・困る・手におえない・嫌だ「コンビニはたまに変な人が来るでかなんわー」亀山・伊勢「お前にはかなわんよ」津

カピカピ・カビカビ↓乾いている状態「工作のりがカピカピやぁ」木曽岬・桑名・川越・東員・四日市
かまへん↓構わない・気にしない「別にかまへんよ」鈴鹿「そんなん、かまへんかまへん」津・伊賀・伊勢
かめじ↓カメムシ「かめじを踏んで、チョー臭い」度会
からくる↓かき混ぜる「からくってから飲んでな」多気
かめる・がめる↓盗む・くすねる「お前それ、かめてきたやろ」玉城「内緒でがめとるんちゃう？」伊勢「がめるのは、よーないことや」志摩
がめる↓独り占めする「あいつ、全部がめとるなぁ」玉城
がんど↓くわがた虫の総称「がんど発見！」度会
カンピンタン↓干からびてカチカチになっている状態・乾燥している状態「カエルのカンピンタンや」県内全域「この服、鼻水がついたとこ、カンピンタンやで」津

き

きしょ＊↓気持ちが悪い「この虫、きしょ」尾鷲
きしょっかい↓おせっかい・余計なことをする人「きしょっかい、われー」志摩
きずつない↓心苦しい・恐縮する・申し訳ない「また、こんな高価なお土産もろてきずつないわ」鈴鹿・松阪・伊勢
きにせんすな↓気にしないで「そんなこと、気にせんすな」多気
きばる↓おごる「今日は私がきばるわ」志摩
ぎもる↓はまる・土に埋まる「田んぼに足がぎもった」桑名

ぎょーさん↓たくさん・いっぱい「祭りやから、人がぎょーさんおるわ」いなべ・四日市・松阪

きょうび↓今どき・今日この頃「きょうびの若いもんはて、昔よー言われたゆー人が、またおんなじことゆーとるやんか」鈴鹿・松阪・伊勢

きょんきょん＊↓細い・ガリガリ・やせている「あの人、きょんきょんやなぁ」松阪・伊勢

（布団を）きる↓（布団を）かける「あんた寝相が悪いで、ちゃんと布団を着ないかんよ」伊勢

く

くさぐ↓閉じる・つぶる「思わず目ぇーくさいだ」伊勢・紀北

くろじみ↓青あざ「黒じみが出来てしもた」津

くたくた↓煮すぎた食べ物「煮すぎて、くたくたになった」亀山

くわしない↓（野菜の茎が伸びて固くなり）食べられない・食用に向かない「この大根、くわしないなぁ」度会

け

げ↓家（いえ）「今からお前のげ、行くで」志摩「きょう、○○先生げ、行く？」「今日はやめとく」津・伊勢

け（っ）たくそわるい↓不愉快・縁起が悪い・気分が悪い「お前の話、聞いてるだけで、け（っ）たくそ悪いわ」伊賀

ケッタ・けった・ケッタマシーン↓自転車「ちょっと、ケッタ貸してくれやん？」「ケッタ乗って帰るわ」

けったいな↓おかしな・変な・奇妙な「けったいな話やなー」「そんなけったいなこと、あるかー」鈴鹿・亀山・木曽岬・長島・桑名・朝日・川越・いなべ・東員・四日市・鈴鹿・津・名張・松阪・明和・多気・伊勢・鳥羽・大紀・松阪

げっぽ↓ビリ・最下位「一〇〇メートル走でげっぽやった」尾鷲

けなるい・けなりい↓うらやましい◆漢字では「異るい」「異りい」と書く。日葡辞書に「Qenarij」あるいは「quenarij」と出ている古語。「きれいな着物、けなるいわ」津

けんどい↓角が立つ「別におこってへんし」「あんたの言い方、けんどいねん」伊賀

げんとする↓疲れる「今日の仕事、げんとしたなぁ」志摩

こ

こいさのぉ（こいさ＝今夜）↓こんばんは「こいさのぉ」松阪

ごうある・ごうばる↓たくさん・量が多い「白菜、ごうあるわ」津

こうた↓買った「話題のＤＶＤ、こうたで」桑名・朝日・川越・東員・四日市・伊勢

こうちくもん↓頑固者・偏屈者「何でそんなにこうちくもんなん？」伊勢「うちのじいさんはこうちくもんやでなー」玉城「あいつはこうちくもんや」多気

こうてくる↓買ってくる「パン、こーてきて」「コンビニで週刊誌こーてきた」伊勢

こうてる・こうとる↓飼っている「うち、猫５匹も、こーとるで」度会

こうへん↓来ない「〇〇さん、まだこーへんの？」鳥羽

こやへん↓来ない「〇〇さん、なかなか、こやへんなぁ」伊勢

こやん↓来ない「約束の時間一〇分過ぎたけど、まだ来やんなぁ」津

こうらい↓とうもろこし「こうらい、こーてきてくれやん？」木曽岬・長島・桑名・朝日・川越・四日市

ごうわく・ごがわく↓腹が立つ・怒る・むかつく「えらそーに言われて、めっちゃ、ごうわいた」「あいつの行動には、ほんま、ごーわくわー」木曽岬・長島・桑名・朝日・川越・いなべ・菰野・四日市・鈴鹿・亀山・津・松阪・明和・多気・伊勢・鳥羽・志摩・大紀・御浜・紀宝

こかす↓倒す「コップ、こかしてもーた」「ケッタこかしたん誰や？」いなべ・朝日・川越・菰野・鈴鹿・津

こかる↓横になる「しんどいもんで、こかってもええかいな？」尾鷲

こぎしろ↓ネズミ・小さいネズミ「こぎしろ、おるわ」松阪・度会

ごきやん↓ゴキブリ「きゃー、ごきやん、出た―！」松阪

こける↓転ぶ・倒れる「段差のあるとこでこけて、ひざから血ぃー出た」度会

こずたん↓前「ほら、もっと、こずたん行き」津

ごそごそ↓ブカブカ「やせたから、スーツがごそごそや」鈴鹿・津

こそばい・こしょばい・こちょばい・こそぼい↓くすぐったい「この服チクチクしてこそばい」木曽岬・桑名・朝日・川越・松阪・津・多気・伊勢「こしょばいからやめて」伊賀

こだま↓豆電球「こだま、切れとるぞー」朝日・川越・東員・四日市

ごっさ↓すごい「ごっさ速いシュートやったぞ」伊勢

こっすい↓ずるい・卑怯「あいつ、こっすいこと、するなぁ」いなべ・朝日・川越・菰野・鈴鹿・津・伊勢

ごっつい↓やぼったい・恰好が悪い「その服、ごっついで、着たないわ」志摩

ごつく↓殴る「お前、ごついたろか」尾鷲

こびる↓間食・おやつ「そろそろ、こびるにしよか」志摩

こまこう↓細かく「その野菜、こまこう切って」明和・伊勢
ごもる↓はまる・土に埋まる「ぬかるみに足がごもってしもた」朝日・四日市
ごろっぱら↓蛇でも出てきそうな原っぱ「そんなごろっぱら、行ったらあかんよ」多気
こわい↓硬い「この肉、ちょっとこわいで」木曽岬・朝日・川越・四日市
こわける↓壊れる「私のスマホ、こわけたわ」伊勢
こわしない↓硬い「これ、こわしないご飯やな」松阪・伊勢
ごんごう↓五合「ご飯、ごんごう、たいといた」松阪
ごんじきる↓わがまま・小さい子供が駄々をこねること「ごんじきったら、いかんよ」「あいつ、また、ごんじきっとる」志摩
こんた↓あんた「こんた、何しとんの?」鳥羽
ゴンタ↓原付バイク「ゴンタの2人乗りはあかんよ」「今日はゴンタで来た」津・松阪・伊勢・鳥羽

さ

さーへん↓しない・しません「一緒にゲーム、さーへん?」松阪・度会
さいこやき↓世話やき・おせっかい「あんた、ほんまにさいこやきやなぁ」伊勢・志摩
さがし↓~の途中「飲みさがしやけど、やろか?」伊勢
さくば↓木のささくれ「さくば、ささったー」伊賀
ささって↓しあさって・あさっての次の日・3日後「ささって会おか」「ささって映画行こ」「あした、あさって、ささって、しあさってて言うやろ?」木曽岬・朝日・川越・いなべ・菰野・四日市・鈴鹿・亀山・津・

松阪・明和・多気・伊勢・鳥羽・志摩・度会・大紀・紀伊長島・熊野

さむつぼ↓鳥肌「寒うて、さむつぼ立っとる」伊勢

さめのたれ↓サメの干物◆サメのたれはスーパーなどで販売しいている食材。「サメのたれは伊勢志摩の名物やで」伊勢・志摩「サメのたれはおいしいなぁ」玉城

さらえる↓（残ったものを）食べる・片づける・残さず食べる「ごはん、さらえて」「おかず全部さらえといて」鈴鹿・津・度会

さらぴん↓新品「この服なぁ、さらぴんやねん」伊賀

し

ししくる↓小さい子どもが泣きじゃくって、ひくひくしている・悲鳴を上げる「注射したら、あの子、ししくってたわ」紀伊長島

しってで↓わざと・知っていて「今の、知ってで、したやろー」伊賀

しっとー↓知っている「あの話、知っとーよ」伊勢

じっと↓いつも・しょっちゅう・たびたび「あの子は家にじっと来るなぁ」伊勢・玉城「あんた、じっと忘れ物するなぁ」伊勢「あいつ、じっと店におるで」多気「あの人は、じっとブツブツゆーなぁ」大台

しまいごと↓あと片付け・あとしまつ・整理すること「今から、しまいごと、しやな」津

しまける↓壊れる「そんな使い方してると、しまけるぞー」松阪

しまりする↓洗いものをする・皿洗いをする「しまり、しといて」南伊勢・度会

しもた↓してしまった「使いすぎてしもた」伊勢・南伊勢

しもた！↓しまった！（何か忘れたり失敗した時のことば）「しもた！鍵忘れた」亀山

しもたる↓（自分が）壊す「ふるなったダンボール箱、しもたった」大紀・尾鷲・御浜・紀宝

しもれる↓（いつの間にか）壊れている「テレビつけよう思たら、しもれとった」大紀・尾鷲・御浜・紀宝

しゃーない↓仕方がない「今日の試合は負けてもしゃーない」「もう終わったことやで、しゃーないやん」鈴鹿・津・伊勢・多気

じゃーすぞ・ちゃーすぞ↓なぐるぞ「もう一回ゆーてみ、ちゃーすぞ」志摩

じゃっぱんこおろぎ＊↓アホ・バカ◆強調する時は「あかじゃぱん（こおろぎ）！」「あんた、じゃっぱんこおろぎやな」紀伊長島

しゃびしゃび・しゃぶしゃぶ↓水っぽい「このカレー、しゃびしゃびやん」木曽岬・長島・朝日・川越・東員・四日市・亀山

しょずくなる・しょぞくまる・しょづくまる↓しゃがむ・座る・かがむ・うずくまる「立っとるとえらいから、しょずくなるわ」度会「草取りするのに、しょぞくまった」松阪

しらんとるまに↓知らない間に「知らんとるまに食べられとった」いなべ・菰野・鈴鹿

しんどい↓疲れる・くたびれる・辛い・苦しい・疲れて体がだるい「今日は、めっちゃ、しんどいわぁ」桑名・亀山・津・多気・伊勢・志摩・南伊勢

す

ずっこい・ずっこ↓ずるい「お前、先に逃げて、ずっこいやん」「そんなん、ずっこいわー」長島・朝日・川越・いなべ・菰野・四日市・鈴鹿・松阪・度会・伊勢

すっとこどっこい↓同じくらい「実力的には、2人ともすっとこどっこいやな」亀山

ずつない↓お腹がいっぱいで苦しい・体調が良くない・苦しい・息苦しい◆「術（じゅつ）ない（↓すべがない）」が「ずつない」に。「今日はなんかずつないな」「食った食った、ずつないわ」木曽岬・長島・朝日・川越・桑名・いなべ・菰野・四日市・鈴鹿・津・松阪

せ

せく↓せきをする・せきこむ「あの子、よー、せいとんなー」朝日・川越・津

せく↓急ぐ・あせる「せくもせかんも、ほんなもん、せいとるにきまっとるやん」「そない、せかしな」いなべ・東員・菰野・鈴鹿・伊勢・志摩

せこ↓路地・建物と建物の間のせまい道「そこのせこ、通ったらええ」津・多気・伊勢

せこ↓角「そこのせこ、曲がったとこ」伊勢

せせこしい↓入り組んだ・複雑な・面倒な「ほんまに、せせこしい話や」志摩

せや↓そうだ「せや、あんたの言う通りや」津

せやから↓だから「きのう一日寝てたん、せやから元気」松阪

せやけど↓だけど・しかし「せやけど、結局あかんかったなぁ」津

せやなぁ↓そうだなぁ・そうですねぇ「これでええんやな?」「せやなぁ」伊勢

せやに↓そうだ・そうだよ「これ、○○さんのー?」「せやにー」いなべ・朝日・川越・菰野・鈴鹿・津

せんが↓たくさん・いっぱい「あの人は、山や田畑をせんが持っとるぞ」御浜

せんち↓トイレ・便所「せんち、行ってくるわ」志摩

せんど↓何度も・度々・さんざん◆江戸時代の方言辞典「物類称呼」に記載されている古語。「せんど、その話は聞いた」「せんど来てもうておきんな」津市一志

そ

そうなん？↓そうなの？「きのう、妻とけんかしてしもてな」「え、そうなん？」津「今日、授業ないんやって」「あ、そうなん？」伊勢

そうやに・そやに↓そうだよ「これ、○○さんのシャーペン？」「そうやに」津・多気

そげな↓そんな・そのような「そげなこと、言うたかて」志摩

そこだまり↓底に少し残っている状態「ジュース、もう底だまりしかない」「そこだまりがおいしいねん」伊賀

そない↓そんなに「そない怒らんでも、ええがな」亀山

そばえる↓じゃれる・じゃれつく「子どもがそばえる」木曽岬・四日市「お前、そばえんなー」津「猫がそばえてきた」度会

そやけど↓そうだけど・けれども「そら、そやけどさ」伊勢「玉子はぎゅーとらで買う。そやけど、ベリーで買うこともあるなぁ」鳥羽

そやもんで↓そういう訳だから・だから「熱あるんさ。そやもんで今日は休むわ」伊勢

そら↓二階・上の方にある場所・山の畑など「ちょっと、そら行ってくるわ」度会

それな↓そう・そうだよ・そうなんだ「持って行く荷物はこれでええ？」「それな」鈴鹿

た

たぁ↓田んぼ「たぁの水、見てこないかん」伊勢

だーこ↓〜して下さい「うちにも来てだーこ」名張「ちょっと待ってだーこ」「ちょっと来てだーこ」伊賀

たぁゆーた↓疲れるし困った「おんなじ話ばっかりされて、たぁゆーたわ」桑名

だいこ↓大根「だいこの煮物、おいしいわ」松阪・度会

たぐなる↓垂れ下がっている・たるんでいる「ズボン、たぐなってるやん」津

たける↓興奮して大声を出す・叫ぶ・怒鳴る・しかる「さっき、○○さんにたけられたわー」「そんな、たけったらいかん」志摩

だだくさ↓大ざっぱ・いい加減・だらしがない・適当な・雑な・粗雑な・きたない「やることが、ほんま、だだくさやわ」亀山・伊勢・多気・鳥羽「だだくさな服装やな」鈴鹿・津・松阪・伊勢

たとむ↓たたむ「布団、ちゃんとたとんどいて」伊勢

たなぐ↓届く「棚に手ぇーたなぐ?」「たながへんわ」南伊勢

たなもと↓炊事・食事のあとかたづけ「はよ、たなもと、やったんない」志摩

たも↓(虫取り用の)網「たも、持ってきてくれやん?」伊勢

たらう↓①取る・ひろう「あの箱たろてくれやん?」「新聞とリモコンたろて」鈴鹿・津・伊勢・志摩・多気「そこにあるパンフレット、たらって」伊勢・鳥羽

たらう↓②届く・十分に届く「あのプール、足たらう?」「あの棚の上に手ぇーたらう?」「たらいそうやけど、たらわへん」鈴鹿・松阪・多気・伊勢・玉城・度会・大紀

たられへん↓届かない「それ、もうちょっとやけど、たられへんのさ」伊勢

たらわへん↓届かない「手ぇーがたらわへんわ」伊勢

たらわん↓届かない「背ぇー、たらわんから、あの本とって」「この長さやったら、天井にはたらわんでー」鈴鹿・松阪・伊勢・多気

たわけ＊↓アホ・バカ◆日葡辞書に「Tauaqe」。古語「たはく」の名詞が「たはけ」。「このたわけ！」木曽岬・桑名・川越・東員

だんない↓大丈夫・何ともない・構わない「この本、持って行ってもええ？」「だんないだんない持って行き」「俺バツイチでさー」「そんなん、だんないから気にするなよ」「皿、割ってしもた」「だんねぇだんねぇ」松阪・津・多気・伊勢・志摩・大紀・尾鷲

ち

ちいと↓少し・ちょっと「ちいと寝たらどう？」津・多気

ちねる↓ちぎる「ちょっとだけ、ちねってちょうだい」鈴鹿

ちみぎる↓つねる・爪で強くつまむ◆「つめくる」から。「ほっぺた、ちみぎられた」「蚊ぁーにさされたら、かかんと、ちみぎっときな」木曽岬・長島・鈴鹿・松阪・津・多気・伊勢・玉城・志摩・大紀

ちみる↓つねる「先生、○○君が腕ちみってくるー」伊賀

ちゃう↓違う「ちゃうわ、こういう風にするんや」木曽岬・長島・朝日・川越・東員・鈴鹿・津・伊勢・度会

ちゃう？↓違う？・じゃない？「あほ、ちゃう？」四日市・伊勢

ちゃちゃっと↓てきぱきと・すぐに・要領よく「ちゃちゃっと、せー」いなべ・朝日・菰野・鈴鹿・伊勢

チャリ↓自転車「悪いけどチャリ貸して」木曽岬・川越・四日市・鈴鹿・津・伊賀・名張・松阪・伊勢

チャリンコ↓自転車「鈴木君、チャリンコで来るんやて」津

ちょぉ↓ちょっと「ちょぉ、それ、取ってくれやん？」松阪

ちょける↓ふざける「ちょっと、ちょけるの、やめて」松阪・志摩

ちょんちょん↓草を刈るための鎌「ちょんちょん、どこ？」伊勢

チョンチョン↓先がとがっている状態「鉛筆の先、チョンチョンや」津・松阪・伊勢

ちょんぼり・ちょんぼ↓結んだ髪「ちょんぼりをつくる」朝日・川越・四日市

ちろちろ↓夕暮れ時「もうそろそろ、ちろちろやな」多気

ちん↓おやつ「ちん、まだ？」伊勢

ちんちん↓非常に熱い「お湯がちんちんに沸いとる」伊勢「そのやかん、チンチンやで気ぃーつけて」伊勢「カップ麺にチンチンの湯ぅー入れてくれる？」玉城「やかんがちんちんになっとる」多気

ちんちんまる↓真ん丸「このすいか、ちんちんまるだね」木曽岬

つ

つくねる↓乱雑に積み重ねる・束ねる「相変わらず洗濯もん、つくねとるなー」津・伊勢・度会

つくえつり↓掃除当番の机を運ぶ係「今日の机つり当番だれ？」「今週は机つり係かぁ」木曽岬・桑名・いなべ・菰野・四日市・鈴鹿・津・松阪・伊勢・志摩

つこても↓使っても「この消しゴム、つこてもええよ」津

つぼる↓たくし上げる・まくる「服の腕のとこ、つぼってみて」伊勢

つむ↓混む・混雑する・渋滞する「国道23号線、えらいつんどるわー」「レジ、つんどる」「今日は電車もつんどるなぁ」木曽岬・長島・朝日・川越・桑名・いなべ・菰野・四日市・鈴鹿・亀山・津・松阪・多気・伊勢・鳥羽・度会・志摩・南伊勢・大紀・熊野・御浜・紀宝

つめる↓はさむ「ドアで指詰めて痛いわ」伊勢「手ぇーつめんように気ぃーつけやー」志摩・大台「ドアで指詰めて、血豆ができてしもた」伊勢・玉城・多気

（机を）つる↓（机を）運ぶ・持ち上げて移動する「掃除の時間やで机つって」「この机つってくれやん？」木曽岬・長島・桑名・朝日・川越・いなべ・東員・菰野・四日市・鈴鹿・亀山・津・伊賀・名張・松阪・多気・伊勢・鳥羽・度会・志摩・南伊勢・大紀・尾鷲

つるくす↓吊るす「外に靴下、つるくしたままやわ」伊勢「シャツ洗ろたから、つるくしといて」志摩・多気「邪魔やで、そこらへんにつるくしとけ」玉城

つれ↓友だち・親しい友人「今日、つれ呼んでも、ええかな？」伊勢・南伊勢

て

てこしい↓まめに・こまめに・手の込んだ・丁寧な「てこしい事する人やなぁ」「あの子はいつもてこしするな」伊勢「あんたは、てこしなぁ」志摩・南伊勢

てったう↓手伝う「私ひまやから、良かったらてったうよ」津

でむならん↓どうしようもない・手に負えない「悪いことばっかりして、でむならん子やわ」鈴鹿

てれこ↓互い違い・交互・入れ違いになること◆歌舞伎用語「手入（てい）れこ」が語源。「上下（うえした）が、てれこになっとるわ」伊賀「駅に迎えに行ったら、てれこになってしもた」名張

でんごし↓風呂の湯が溢れること「お風呂、でんごししとる」志摩浜島
てんぷ↓すごい・思いがけない「てんぷなことやなぁ」南伊勢・度会
てんぽもない↓とんでもない・（想定外で）びっくり・驚いた「サマージャンボで一億円当たったよ」「てんぽもない」多気・伊勢

と

とー↓戸「とー、開けてくれへん?」伊賀
とーじんばいばい＊↓つじつまが合わない「あの人は、とーじんばいばいやなー」尾鷲
どいやこい↓すごく大きい「どいやこい魚がとれた!」志摩
とぎ↓友だち「とぎと遊びに行ってくるわ」松阪
とくしょくなしに↓突然「とくしょくなしに何ゆーてんの?」松阪
どこぞ↓どこか「これから、どこぞ行く?」志摩
とごる↓底にたまる・沈殿する・底に残る「砂糖、とごっとるでー」「コーヒーの粉がとごっとるやん」「このカルピス、めっちゃとごっとるで」木曽岬・長島・桑名・朝日・川越・いなべ・菰野・四日市・鈴鹿・津・伊賀・松阪・明和・多気・伊勢・南伊勢・度会・大紀・熊野・御浜・紀宝
どしこむ↓なぐる・やっつける・ボコボコにする「腹立つなぁ、もう。どしこんだろか?!」大紀・紀北「わりゃー、どしこんだろか」尾鷲・御浜・紀宝
とっちんこん（「**いとクラゲ**」とも）↓あんどんクラゲ「とっちんこんに刺されたら、痛いしはれるぞ」志摩

とびしゃり・とびっしゃり↓雨水などの跳ね返り・水しぶき◆「とばしり」（しぶき）が変化し「とばっちり」や「とびっしゃり」に。「車のとびしゃりで、ズボンがびしょびしょや」伊賀

どべ↓ビリ・最下位「リレーで結局どべやった」松阪・明和

どもならん・どむならん・どんならん↓どうしようもない・始末に負えない・手に負えない「あの子は、ほんまにどもならんなぁ」津・松阪・伊勢・鳥羽「あいつ、どむならんやつやな」伊勢「この子はどんならん子やなぁ」津・伊賀

どやす↓どなる・どなりつける「そんなにどやさんでもええやんか、なぁ？」松阪

とろい＊↓鈍い・のろい・弱い「そんな、とろいことばっかり、やってたらあかんわ」桑名・いなべ・朝日・川越・東員・菰野・鈴鹿・南伊勢

どろぼう↓（服などにつく）草の実。「ひっつき虫」ともいう。「ズボンもスカートも、どろぼーいっぱいついとるやんか」伊勢・志摩・南伊勢

どんがめ↓カメムシ「服にどんがめがついとるでー」伊賀

とんじ・とんち↓的外れ「とんじょー」志摩「あいつは、とんちなことばっかりゆーとるなー」鳥羽

な

なおす↓片づける・戻す「机の上の資料、なおしといて」「使い終わったら、なおしといてな」津・伊賀・松阪・伊勢

ながた・ながたん↓菜切り包丁◆菜刀（ながたな）が語源。「この紙は、ながたやないと、切れやん」木曽岬・度会・伊勢

なかま↓一緒に「このカレー、なかまで食べよ」南伊勢・多気

なぐさみ↓いたずら・冗談「酔ーてるさかい、なぐさみしよんや」伊賀

なして↓どうして・何で「それは、なして？」南伊勢・多気

なっとした↓どうした「なっとしたど、まぁ〜」志摩

なっとしたん・なとしたん↓どうしたの？「今日、会社休んだみたいやけど、なっとしたん？」「そのケガ、なとしたん？」津・多気・伊勢・鳥羽・南伊勢

なっとしよ（う）↓どうしよう「ああ、なっとしよ（う）」伊勢

なっとな↓①何？・ええっ？（驚いた様子）「自転車、とられた」「なっとな？！」「近所の家に空き巣が入ったんやて」「なっとなー」津　②どういうこと？・どうしたの？「お前、それ、なっとな？」松阪・志摩

なとなぁー↓何だって「あした、雨やって」「なとなぁー」伊勢

なぶら↓魚群「なぶら、来（く）ぞー」志摩

なぶる↓さわる・触れる「高級なグラスやで、なぶったらいかんよ」志摩

ならいや↓塾・学習塾「うちの子は、そろばんのならいやに行っとる」「今日はならいや、行きたないなぁ」伊勢

なんぞ↓何「これ、なんぞ？」伊勢・志摩

なんたら↓何とか「そう言えば、なんたら、ゆーてたね？」志摩

なんでや？↓どうして？何故？「なんでや？この店、開（あ）いてへんぞ！」松阪

なんどなん？↓どうしたの？「あんた、なんどなん？」尾鷲・御浜

なんなん？↓何？・何なの？・どうしたの？「こっち見とるけど、なんなん？」「なんなん？早よ、ゆーて」

「これ何なん？」「それ、カレーのナンなん」鈴鹿・津・多気・伊勢・南伊勢

なんね↓何ですか・何なの？「これ、なんね？」鈴鹿

なんば↓とうもろこし「このなんば、食べなー」「なんば、おいしいな」津・多気・度会・伊勢

なんやろ↓何だろう・何かな「あの建物、何やろー」松阪・伊勢

に

にかにかする↓痛む「おなか、にかにかして調子悪いんや」伊勢・志摩

2（に）ケツ↓自転車の二人乗り「2ケツして、行こに」木曽岬・桑名・鈴鹿・津・伊勢

にしゃ＊↓アホ・バカ◆「にしゃどっち」ともいう。西も東もどちらか分からないというのが語源。「あいつ、にしゃやなぁ」志摩

にじくる・ぬじくる↓ぬりつける「机ににじくった（ぬじくった）ら、怒られるよ」伊勢「手ぇーについた汚れをにじくったらいかん」志摩

にっすい↓にぶい「あの子、にっすい子ーやな」伊勢

にゃんにゃんする↓（幼児語で）かむ「はよ、にゃんにゃん、しりー」津

ぬ

ぬくい↓あたたかい「このカイロ、まだぬくいで」伊賀・松阪・伊勢

ぬくたい・ぬくとい↓あたたかい「今日はぬくたいなぁ」長島・朝日・川越・桑名・亀山・津・度会・伊勢・大紀・

紀宝「こたつはぬくとい」木曽岬・朝日・一志・多気・伊勢・鳥羽

ぬくためる・ぬくとめる↓あたためる「これ、ぬくためて下さい」津「この弁当、ぬくとめて」桑名

（雨が）ぬけてく↓通り雨「雨がぬけたなぁ」志摩「雨ぬけたで、もう傘いらんに」南伊勢・玉城・大紀

ね

ねき・にき↓すぐそば・すぐ近く「家のねきにあるやん」四日市・朝日・川越

ねっから〜ない↓一向に・少しも・全く「ねっから連絡がない」亀山「ねっから勉強したないな」伊勢

ねぶる↓なめる「そんなとこ、ねぶったらあかんよ」津・伊勢「皿は、ねぶったらいかん」四日市・津・名張・松阪・伊勢

ねる↓混ぜる・切る「トランプ、ねっといて」一志

の

のー・の↓お前・あなた「のー、何しとん？」「のーの番やよ」志摩・南伊勢「これから、のーとこの家行くわ」度会「今からのー家行くで」志摩「のは何したいん？」伊勢

（傘に）のせる↓（広げた傘の中に）入れる「傘忘れたん？のせたるわ（または、のってきない）」志摩

のたる↓腹ばいになる・寝そべっている「食べ過ぎてのたっとる」伊勢「そんなとこでのたっとらんと立ちない（または、のたっとんな）」志摩「蛇が足元にのたっててびっくりした」多気「台風で倒れた木ぃーが道にのたっとる」玉城

のぶとい↓人の言うことを聞かない「ほんまにのぶとい子ーやわ」南伊勢・玉城

は

はがはが↓めいめい・それぞれ「お代は、はがはがでしょーらい」（お代は、めいめいではらいましょうよ）尾鷲

はきつかん↓はっきりしない「ウジウジとはきつかん子やな」伊勢・志摩「いつもはきつかん返事をする人や」多気

（手袋を）はく↓（手袋を）はめる・する「手袋、はいてない手ぇー、ひやかくなるんなー」「手袋、はいていきなー」津・松阪・伊勢・志摩・大紀・紀北・尾鷲

はこ↓大便・糞・うんこ◆古く排泄の容器として箱を使ったことから。「はよ、はこしてこい」鳥羽

はさかる↓はさまる「歯ぁーにゴマがはさかっとる」津・松阪・伊勢・志摩

はざん・はらん↓駄目・良くない・いけない◆「（弓の弦に）筈が合わぬ」が語源。「こっちに来たら、はざん」志摩「危ないから、はざん」松阪・鳥羽「そんな人、はざんわ」伊勢「体にはらん」鳥羽

はしかい↓かゆい・チクチクする「床屋行って、首すじがはしかい（はしかっ！）」「セーター着るとはしかい」「めっちゃ手ぇーがはしかい」木曽岬・桑名・いなべ・菰野・鈴鹿・津・南伊勢・飯南・多気

はしやかい↓かゆい・チクチクする・かぶれる「そんな草、さわったら、はしやかいで」多気

はしらげる↓湿っているものを干す・かわかす・乾燥させる◆「はしゃげる」ともいう。「ふとん、ちょっとしけっとるで、はしらげといて」松阪・志摩

はた↓近く・そば「あんたの家、どのへん？」「アピタのはたやで」伊賀「うちの家、コンビニのはたなん

さ」津・明和・多気・伊勢

バタ↓原付ミニバイク・スーパーカブ「あそこのおっちゃん、バタ乗ってたでぇ」松阪「今日はええ天気やでバタで行きない」伊勢

はたく↓たたく「ズボンをはたく」桑名

はだてる↓企てる・計画する・実行する「あんたがはだてたんやで、最後までやんないな」松阪・伊勢・志摩

はっしゃぐ↓乾かす「洗濯もん、はっしゃいだって」松阪

はば＊↓仲間はずれ「あの子、はばにしたらあかんやん」木曽岬・朝日・川越・東員・四日市

ばば↓うんこ「ばば、ひった」度会

ばばいい・ばばゆい↓まぶしい「光がばばいい」松阪「今日は太陽がばばゆい」伊勢

はよ↓早く「はよ、起きて」「今日は寒いで、はよ帰ろ」木曽岬・いなべ・北勢・亀山・松阪・伊勢

はらがつむ↓おなかがいっぱいになる・満腹になる「腹つんだ、もう食べれやん」松阪

はんまくわす↓すっぽかす「今日は、あの子にはんまくわされたわ」伊勢

ひ

びーたん↓内臓「セミがつぶれて、びーたん出とった」津

ぴーぴー↓下痢状態「おなか、ぴーぴーや」明和・南伊勢・大紀

ひげあめ↓通り雨「今日、ひげ雨降っとるわ」伊勢・志摩「どれくらい雨降っとる？」「ひげ雨くらいやな」玉城

ひこずる＊↓ひきずる「あの人、けがして、足をひこずっとるじょ」大紀・紀伊長島

ひしゃげる↓曲げる・つぶれる・形がくずれる「あの針、ひしゃげとる」松阪・明和「このパン、ひしゃげとるやん」伊勢「この箱、ひしゃげたーるやん」熊野

ひじゃける↓つぶれる「箱ふんだら、ひじゃけた」伊勢

びしゃける↓つぶれる「カエルがびしゃげとる」熊野

びしょたれ＊↓だらしない人・不潔な人◆「ぶしょうたれ（不精垂）」から。「えっ、お金貸したん。あの人はびしょたれやで返ってきやへんで」伊勢・南伊勢・度会

ひっちくどい↓くどい・しつこい「あいつ、ひっちくどいわ」津

ひっちゃかまえる↓しっかりつかまえる「子どもを、ひっちゃかまえてくれよ」紀伊長島

ぴっぴー↓下痢状態「腹（はら）ぴっぴー」松阪

ひやかい↓冷たい「この料理、ひやかいな」「ひやかて、つかめへん」「今日は、ひやかい日やな」木曽岬・四日市・津・相生・一志・明和・伊勢・大紀

ひやこい↓冷たい「この水、ひやこいなー」木曽岬・長島・桑名・朝日・川越・伊勢・大紀

ひらける↓開く「7ページひらけて」一志

ひらた↓ゴキブリ「冷蔵庫の下、ひらたおるやん」松阪

ひらたく↓ヒリヒリ痛い「寒いもんで、手ぇーがひらたく」度会

ひりょうず↓がんもどき◆ポルトガル語の「filhos」が語源。「昼になったら、ひりょーずこうてきて」伊勢「おでん食べよ」「あたし、ひりょーず」木曽岬・長島・伊勢・度会

ひる↓排泄する・用を足す・おならをする「うんこ、ひった」度会「あの犬、うんこ、ひんりょるで」尾鷲「そんなに芋食うと、屁ぇーひるでー」熊野・御浜

びんちょ↓もみあげ「君、びんちょ長いなー」朝日・四日市・津・伊勢・度会

ふ

ふごむ・ふんごむ↓足が沈む・ぬかるみにはまる◆語源は「踏み込む」。「ぬかるみの道やから、かなり、ふごんでしもた」一志・名張・伊勢市・二見

ふたかわめ・ふたかわ・ふたか↓二重まぶた「あの子はふたかわ目やわ」伊勢・志摩「ふたかわ目でイケメンやな」玉城「両親ともふたかわ目やから私もふたかわや」多気

ふたをする↓閉じる「本にふたをする」伊勢

ふたちょん↓二つ結び「今日の髪型、ふたちょんやん」桑名

ふっち↓散らかす・散らかっている状態「あんたの部屋、ふっちやなー」伊勢・度会

へ

へいはち↓ゴキブリ・油虫「へーはち、おった」「あ、へいはちや」「へーはち、出てきたで、殺してー」四日市・津・名張・松阪・度会・紀伊長島・尾鷲・紀宝などほぼ県内全域

へいはち*↓アホ・バカ・ろくでもない奴「あのへーはちは、しょーがない奴や」尾鷲

へいはちろう↓ゴキブリ・油虫「そこに平八郎がおるで」尾鷲

へこず↓かめむし「へこずは、くさい」飯南

へこむし↓かめむし「あそこにも、へこむしがおる」川越・四日市・名張

へた↓かさぶた「ケガして、へた出来たわ」松阪・明和

へたれ＊↓根性なし「お前、へたれやな」朝日・川越・東員・四日市
べちゃこ↓（雨の日の）水たまり「今日は、べちゃこあるから、気ぃーつけてな」伊勢
べっこひく・びっこひく＊↓足を引きずって歩くこと「ケガして、べっこひいたわ」志摩
へつる↓けずる・削り取る・上前をはねる・へぐ。木の先端を尖らせる時「もうちょっとへつった方がええちゃうんか」「子どもがもろたケーキ、そんなにへつらんときや」名張
べべ↓最下位・ビリ「運動会でべべになったわ」松阪
へりこ↓まわり・近く・すみっこ「部屋のへりこ、汚れとるにー」伊勢「木のへりこの草を刈る」多気
へんば↓クモの巣「へんばにかかったー」志摩
べんべん↓スリッパ「車、運転する時、べんべん、はくなよ」尾鷲

ほ

ほいで↓それで「ほいで、次は何すんの？」明和・多気
ほーか↓そうか「ほーかほーか」四日市
ほうとる↓はっている「へーはち（ゴキブリ）が、ほーとる」伊勢・志摩
ほーなん↓そうなの「新しい靴、買（こ）うたんさぁ」「ほーなんや」松阪・伊勢・南伊勢・度会
ほうばい↓親友・友だち・仲間「あんたら、ほーばいやなー」「うちら、ほーばいやもんねー」津・松阪・伊勢・鳥羽・志摩・度会
ほかす↓捨てる「それ、ゴミ箱にほかしといて」東員・四日市・鈴鹿・一志・伊賀・名張・松阪・伊勢・志摩・度会・紀宝

ほかる↓捨てる・放っておく「そのゴミ、ほかっといて」木曽岬・四日市・御浜

ほたえる＊↓ふざける・騒ぐ「あんたら、ほたえとるといかんよ」津・伊勢

ほっかぶり・ぼっかぶり↓ゴキブリ・油虫「ほっかぶり、おるやん」菰野

ぼっこい・ぼっこ↓ぼろい・使い古した・古びた・ポンコツ状態の「ぼっこい自転車やなぁ」津・松阪・明和

ほっこりせん↓思わしくない・ぱっとしない「しつこい風邪でな、いまいちほっこりせんのさ」鈴鹿・津・松阪・伊勢・志摩

ぼっさい↓野暮ったい・ださい「ぼっさいかばんやなー」伊勢・志摩「ぼっさー！その服ぼっさいわ」玉城「きのうはぼっさい服着て一日中家におった」多気「あいつの服はいっつもぼっさいんや」大台

ほったりする↓骨が折れる・苦労する「○○さん、気難しいで相手するのにほんまにほったりするわ」松阪・伊勢・鳥羽・志摩

ほっぱれ↓おたふく風邪◆「頬腫れ（ほほはれ）」から。「うちの子、ほっぱれになってなぁ」尾鷲

ほな↓それじゃぁ・じゃぁ「ほな、また、あした」松阪

ほななぁ↓それじゃぁね・じゃぁね「あした6時に待ち合わせな、ほななぁ」伊勢

ほにさぁ↓本当?・そうなんだ・うんうん・あら本当（相づち）「テスト、100点とったでー」「ほにさー」「あそこに猿がおるよ」「ほにさー」多気・度会

ほにさぁ、ほにほに↓本当?・そうなんだ・うんうん（相づち）「鈴木さん、結婚したらしいよ」「ほにさー、ほにほに」名張

ほやで↓だから・そういう訳なので「お正月、実家に帰る?」「正月でも仕事あるでな、ほやで分からん」伊勢

ほる↓捨てる・置いてゆく「このゴミ、ほるでな」「朝、ゴミほらな」「あのゴミ、ほっといて」木曽岬・長島・桑名・朝日・川越・東員・菰野・四日市・鈴鹿・亀山・津・伊賀・松阪・伊勢・多気・度会・飯南・大紀・御浜・紀宝

ほる↓投げる「そのボール、こっちにほってー」「ほんなもん、ほったんない」津・松阪・伊勢

ほんだら・ほんなら↓だったら・そうしたら「お酒飲んで運転出来へんわ」「ほんだら、俺飲んでへんで運転するわ」「ほんなら行こ」木曽岬・朝日・菰野・松阪・伊勢

ほんで↓それで「ほんで、それが、どうしたん？」木曽岬・朝日・川越・菰野・四日市・松阪

ほんなん↓そんなこと「ほんなん、意味ないやん」鳥羽

ほんま↓本当「あの話て、ほんまの話？」伊勢

ま

まいこます↓急いで行く・追い越す・あおる「前の車、おっそいわー、まいこましたろかー」志摩

まいすをこく↓ゴマをする・お世辞を言う・へつらう「あの人は、まいすこいてもあかんに」松阪・伊勢・鳥羽・志摩

まいすこき↓ゴマすり「〇〇さんは、誰に対してもまいすこきやなぁ」伊勢・志摩

まいつくなる・まいつくまる↓からまる「竿の糸がまいつくなっとるなー」「自転車のチェーンがまいつくなっとった」伊勢「釣り糸がまいつくなってしもた」玉城

まいまい↓行くあてもなくあっちこっちに行く「(車で)まいまい行こか」「(車で)まいまいしよか」「まいまいしもって行こらい」大紀・尾鷲・紀宝

まく↓仲間に入れる「サッカーにまいてー」津

まくれる↓①派手に勢いよく転ぶ「リレーでつまづいて、まくれた」津　②転がり落ちる「車がまくれてったんやて」松阪

まけぞらかす↓こぼす「コーヒーをまけぞらかした」紀伊長島

まける↓こぼす・ひっくり返す・捨てる「両手でコップ持たな、まけるよ」「バケツの水をまけたった」津・一志・伊勢・志摩

またい↓確実・間違いない・安心「それやったら、電車で行く方がまたいやなぁ」朝日・川越・四日市・鈴鹿・伊勢・志摩

まだまん↓まだ「まだまん、洗濯もん、乾いてないにー」松阪・多気

まっさか・まっつぁか↓松阪◆「ま」を高く発音する頭高型アクセント。「まっさかとゆーたら何ちゅーても松阪牛や」鈴鹿・津・熊野

まっちゃっちゃ↓真っ茶色「あの人の髪、まっちゃっちゃ」木曽岬・朝日・川越・東員・四日市

まるけ↓だらけ「玄関、靴まるけやなー」「ゴミまるけの部屋やん」木曽岬・桑名・朝日・川越・東員・四日市

まわし↓準備・支度・用意「今から、夕飯のまわしするわ」木曽岬・長島・桑名・朝日・川越・四日市

まわり↓準備・支度「旅行のまわり、出来たか?」名張

まんじゅうむし↓かぶと虫「これから、まんじゅう虫、採りに行こか」伊勢

み

みいきってっきよる↓じっと見ている「あんた、なに見いきってっきよん?」尾鷲・御浜

みじゃく↓こわす・粉々にする・バラバラにする「その箱、みじゃいといて」「椅子、みじゃいたった」亀山・津・一志・伊勢

みじゃける・みじゅける↓こわれる・グシャグシャになる「豆腐がみじゃけてしもた」「段ボール箱がみじゃけとるよー」桑名・津・松阪・熊野

みじゃみじゃにする↓小さくきざむ・細かくきざむ「キャベツをみじゃみじゃにしといて」木曽岬

む

むこっち↓向こう・あっちより遠方「新しいコンビニの店、むこうっちで見たで」「(小さい頃)あっち、こっち、むこっち」伊賀

むしくる↓がむしゃらにやる・やっつける ①むしくってけ↓スピード感をもって全力でやれ・必死にやれ「はよ走らんか、むしくってけよ」大紀・尾鷲 ②むしくったれ↓がんばれ・やっつけろ・やりまくれ「むしくったれ、尾鷲高校!」尾鷲

むっちゃ↓とても・すごく・非常に◆関西発の若者ことば「めっちゃ」から派生したもの。「ワンちゃん、むっちゃ、かわいいやん」桑名・津

め

めっさ↓とても・すごく・非常に◆関西発の若者ことば「めっちゃ」から派生したもの。「この作業、めっさ、えらいわー」「めっさ、やばい」東員・四日市・伊勢

めっちゃ↓とても・すごく・非常に◆全国化した関西発の若者ことば。語源は「目茶苦茶」または「滅茶苦茶」（いずれも当て字）「あの番組、めっちゃええやん」「めっちゃ、腹たつわ」「今日はめっちゃ雨降っとるなぁ」 長島・朝日・川越・津・多気・志摩

めぼ・めんぼ↓ものもらい・目のできもの 「「めぼ、出来てしもた」 津・伊勢 「めんぼが出来た」 木曽岬・長島・朝日・川越・いなべ・東員・菰野・鈴鹿・大紀

めめす↓ゴキブリ 「めめすを殺す」 志摩浜島

めめる↓めそめそ泣くこと 「そんなに、めめっとんな」 四日市

めんどい↓面倒くさい 「部屋、片付けるの、めんどいわぁ」 伊勢・度会 「あしたまでに、プレゼンの準備めんどいなぁ」 津

めんめら↓私たち 「それは、めんめらのもんや」 紀伊長島

も

もうける・もける↓産む・出産する 「あの娘、もう二人目もうけたんやで」 伊勢 「あの家のお嬢さん、赤ちゃんもうけたんやって」 志摩・大台 「うちの猫、子どもをもうけた」 玉城・多気

もうとる↓もらっている・受け取っている 「品物の代金、もーとる」 南伊勢・玉城・度会

もうはい↓もう・早くも・もうすぐ 「もーはい着くん？」「もーはい、出来たん？」「もーはいごはん食べたん？」 木曽岬・いなべ・東員・菰野・四日市・鈴鹿

もがる↓いっぱい集まっていること 「アリがもがっとるで」 大紀・紀伊長島

もじく↓取る・ちぎる◆「捩（もじ）る」（曲げる・ひねる・ねじる）から。「りんごをもじく」 伊勢

もっき・めっき↓とても・すごく・大変「このスイーツ、もっき（めっき）好き～」名張

ももくれる↓毛玉が出来ている「このセーター、ももくれてる」鈴鹿

ももける・ももぐる↓くしゃくしゃにする「あのプリント、ももぐってほったった」志摩

もろた↓もらった・いただいた「この柿、もろたんや」桑名・東員

もん↓もの「買いもん、行かへん？」松阪

や

やけつり↓やけど・やけどあと・やけどのあとのひきつったところ「ゆび、やけつりしてしもた」津・志摩

やしき↓土地「うちは、やしきが余ってるんや」志摩

やたけた↓目茶苦茶「折角のプランがやたけたになった」南伊勢・度会

やにこい↓壊れやすい・もろい・やわらかい「ちょっと、やにこい椅子や」津

やばる↓（草）が生い茂る「家の庭、ほったらかしとるから、雑草がやばっとるやん」松阪・伊勢

やぶれる↓壊れる◆紙などに限らず使えなくなったものすべてに用いる。「自転車、やぶれてしもた」「時計がやぶれた」「CDプレーヤー、やぶれてしもた」伊勢・志摩・度会

やまだ↓昭和三〇年の合併で、伊勢市になる前の宇治山田市の繁華街の総称（お年寄り用語）「やまだ、行ってくる」「きのう、やまだ行ってきた」伊勢・度会

やらかい↓やわらかい「今日のごはん、やらかいなー」伊勢

やらしい↓人を困らせる・嫌な気分にさせる・気持ちの悪い・意地が悪い「やらしい性格やな」「この問題、ひねってあって、やらしいな」松阪・志摩

やりしれる↓やりまくる「ゲーム、やりしれたわ」度会
やんが↓たくさん・どっさり「加藤さんに、りんごやんがもろてな」「ゴミ、やんがあったんさ」尾鷲
やんがこく↓駄々をこねる・わがままを言う「いつまでも、やんがこくな」志摩

ゆ

ゆうた↓言った「さっき、行くて、ゆーたやん」松阪
ゆうといて↓言っておいて・伝えておいて「お母さんに、そうゆーといてな」志摩磯部
ゆわん↓言わない「そういうことは、ようゆわん」松阪

よ

よう・よー↓良く「あいつ、よー、ツーリングに行っとるなー」津・度会
よういわん↓そんなことは口に出して言えない「そんなひどいこと、よう言わんわ」津
ようけ・よーけ・よけ↓たくさん・いっぱい「人がようけおるわ」「ミカンがよーけあるなー」木曽岬・長島・桑名・朝日・川越・菰野・鈴鹿・津・明和・伊勢・志摩・多気・度会
ようさん↓たくさん・いっぱい「人が、よーさんおるで」長島・桑名
ようせん↓とても出来ない「これはちょっと、よーせんわ」松阪
ようれ、まーかい↓（語尾につくが意味はない）「腹へった、よーれ、まーかい＝この場合「腹がへったなぁもう」のニュアンス。尾鷲

よきり↓夜「よきりになるなぁ」松阪

よさり↓夜・夜更け◆平安時代の「竹取物語」「蜻蛉日記」にも登場する古語。「よさりは一人で帰るのが危ない」四日市・鈴鹿・津・伊賀・松阪・伊勢・鳥羽「今日のよさり、前の浜に集合な」志摩

よっとく↓端に寄せておく「邪魔やで、それ、よっといて」亀山

よふたり↓四人◆四人（よたり）が語源。「ここで、よふたりが並んで寝たらええやん」伊勢

よぶ↓下さい・ちょうだい「たばこ1本、よんで」津

よばれる↓ご馳走になる・いただく「伊藤さんの家で、夕食よばれてきたわ」「ご飯、よばれよか」津・名張・松阪・伊勢・志摩

よぼる↓呼ぶ・叫ぶ「誰か、呼ぼっとるで」伊勢「先生、呼ぼって」木曽岬・桑名・朝日・川越・伊勢

わ

わいと↓あんた「わいと、たいがいにしとかんかー」鳥羽

わがと↓自分で「わがと、せんかれ（自分でしなさい）」志摩

わぎょら↓お前ら「わぎょら、そこで、何しとるん？」志摩

わじょ↓あなた・お前「わじょは、アホやね」伊勢

わっける↓忘れる「あ、スマホ、わっけた」亀山

わっけな↓とても・すごく・大変「きのうは、わっけな、よーけ、人がおったんさ」津

わっけに・わっけね・わっけん↓とても・すごく「わっけに、うまいめしや」度会「わっけん、痛いなぁ」松阪

わっけもね↓とんでもなく「今日さー、わっけもねー、寒いなー」松阪

わや↓目茶苦茶になる・ぐちゃぐちゃになる・駄目になる・使えなくなる「あんた、そんなことしたら、わやになるわ」「部屋がわやになっとるでー」木曽岬・朝日・川越・東員・四日市・鈴鹿・伊勢「歯ブラシ、わやになってしもた」志摩磯部

わやく↓わがまま・腕白・無茶◆語源は古語の枉惑（おうわく・わうわく）。「そんな、わやくしよったらあかんよ」朝日・鈴鹿・四日市

わやくそ↓ぐちゃぐちゃ・きたない様「机がわやくそやわ」伊勢

わらかす↓笑わせる「そんなに、わらかすなよ」木曽岬・いなべ・朝日・川越・菰野・鈴鹿

わらわらする↓たくさんいる・多いさま「人が、わらわらしとる」志摩

わり↓とても・すごく「今日、わり、疲れた」伊勢「あいつ、わり、ムカつく」熊野

われ↓お前・あなた「われは、考えなしやのー」「われ、調子こいてんの？」伊勢

われげ↓あなたの所・あなたの家「われげは、どーなん？」志摩

（おなかが）われる↓（おなかが）いっぱい「おなか、われそうや」伊勢

語尾

〜**いん?**↓〜ですか?「あの店、高いん?」「新しいパスタの店、おいしいん?」朝日・四日市
〜**が**↓〜よ「いつの間にか、やっとるがー」鈴鹿
〜**がぁ**↓〜だよ「そやがぁ」津
〜**かいな**↓〜かな「この天気やし、みんなでお花見に行こかいな」伊勢
〜**かて**↓〜だって・〜も「私かて、がんばったよ」亀山
〜**かん?**↓〜なの?・〜ですか?「それって、塩かん?砂糖かん?」伊勢
〜**け?**↓〜ですか?・しますか?「今日、飲み会するけ?」伊勢
〜**げー**↓よ・〜だよ「きのう、カレーを食べたげー」紀宝
〜**げな**↓〜だってね・〜だそうだね「○○君、もうすぐ一〇歳やげな」「そうやげな」伊賀
〜**さ**↓〜だ・〜だよ「きのう、サッカーの試合したんさ」「明日から旅行に行くんさ」四日市・津
〜**さぁ**↓〜はね・〜ね「これさぁ、便利なんや」「あのさぁ、そんでさぁ」四日市・津・伊勢
〜**さけ**↓〜(だ)から「私はいらんさけ、あげる」「今日、雨降るさけ、傘持ってき」亀山・伊賀
〜**さなぁ**↓〜なんだよ「私いま、おなかいっぱいなんさなぁ」伊勢
〜**さんす**↓〜なさる◆もとは近世上方の遊里語。「○○さん、スキーさんすの?」「先生が、そう言わさんす」松阪・多気
〜**しておくんな**↓〜して下さい「箸、取っておくんな」松阪
〜**してはる**↓〜していらっしゃる「○○さん、電話してはるよ」名張

~**しときない**↓~しておきなさい「トイレ、今のうちにしときない」津

~**しとる**↓~している「さっき、本を探しとった」朝日・四日市

~**しとん？**↓~しているの？「今、何しとん？」鳥羽

~**しとんの？**↓~しているの？「今日、何しとんの？」津

~**しな**↓~しろ・~しなさい「早よ、勉強しな」朝日・四日市

~**しやへん？**↓~しない？・~しませんか？「今日、ドライブしやへん？」松阪

~**しよや**↓~しよう・~しようよ「今度の日曜、野球しよや」四日市・名張

~**しよらい**↓~しましょう「ほら、早よ寝よらい」南牟婁

~**しよる**↓~している「あんた、何しよんねん？」津

~**せーへん**↓~出来ない・~しない「難しいで、よーせーへんわ」松阪

~**せーへん？**↓~しない？・~しませんか？「今からサッカーせーへん？」津

~**せん**↓~しない・~出来ない「あいつは、ほんまに勉強せんなぁ」朝日・菰野「これは、ちょっと、ようせんわ」松阪

~**せんがや**↓~ない・~ないよ「そんなこと、ありえせんがや」四日市

~**せんといて**↓~しないで「邪魔せんといて」「そんなこと、せんといて」朝日・四日市・津

~**とぉ**↓~てる「それ、知っとぉー」伊勢

~**とる**↓~している「これ、知っとるやろ？」多気

~**な**↓~ね。相手の確認・同意を求める（伊勢の「な」ことば）「きのうな、お母さんとな、名古屋のデパ地下行ってなー」「そういえばなー、日曜日になー、ライブがあってなー」鈴鹿・津・伊勢・鳥羽

~**ない**↓~（し）なさい「早よ用意しない」「今日中に勉強しときない」津・松阪・伊勢

～**ないさ**↓～したらどう？「食べないさ」「早よ行きないさ」熊野

～**なん？**↓～なの？「なんでなん？」「このお菓子、誰のなん？」鈴鹿・津・玉城・度会

～**なんさ**↓～なんだ・したんだ・～なんだよ「うちのワンコ、おばーちゃんなんさ」「きのう、ゲームしたんさー」四日市

～**なんや**↓～なんだ「あした、バイトなんや」伊勢

～**なんやろか**↓～なんだろうか・～なのかな「電話に出やんし、ずっと留守なんやろか」津

～**にー**↓～（し）ようよ・～よ「買い物しよにー」「今度、ＵＳＪ行こにー」桑名・鈴鹿・津・松阪・多気

～**のー**↓～ねー・だねー「そんでのー」熊野

～**のしー**↓～ね・～ですね「○○さん、病気治って良かったのしー」熊野

～**ばっか**↓～ばかり「あの店、高いもんばっか置いてあるんやに」津

～**ひん**↓～ない「○○さん、デスクにいーひんの？」「食料品の買い出し、しーひんでええの？」「そんなん、しーひんやろ」伊賀・名張・伊勢

～**へん**↓～ない「どこにも行かへん」「そんなこと、やってへんで」「○○君、まだけーへんなぁ」津・伊勢・多気

～**へん？**↓～しない？・～しませんか？「あした、遊びに行かへん？」津・伊勢「今日、名古屋行かへん？」いなべ・朝日・北勢

～**もんで**↓～だから・～ので「あした仕事やもんで、早よ帰るわ」「ずっと寝てたもんで携帯出れんかったわ」鈴鹿・津・度会

～**や**↓～しなさい「早よ寝ぇや」「早よ言ぃや」「早よしぃや」多気

～**やから**↓～だから「今日、仕事やから行けやん」松阪

〜やしー↓〜だもんね「意味不明やしー」鈴鹿・津
〜やっけ？↓〜だっけ？「あの靴下、どこにしもたんやっけ？」津
〜やで↓〜だから・〜なので「今日、雨やで行けへんわ」松阪
〜やで↓〜だ・〜だよ「今日、日曜日やで」「あいつ、アホやで」四日市・伊勢
〜やな↓〜だね・〜ですね「今日は、晴れそうやな」桑名・朝日・伊勢
〜やない？↓〜じゃない？「これ、探してたシャーペンやない？」伊勢
〜やにー↓〜だよ「今日はええ天気やにー」「ここが松阪やにー」「あれ、俺の車やにー」木曽岬・四日市・鈴鹿・津・伊賀・松阪・明和・伊勢・鳥羽・多気・大紀
〜やねかー↓〜ですよね「このカバン、重たいやねかー」度会
〜やよ↓〜だよ「駅に着いたとこやよ」伊勢
〜やり？↓〜だろう？〜でしょう？「自転車で来たんやり？」「車で行くんやり？」尾鷲
〜やろ？↓〜だろう？・〜でしょう？「今日は楽しいやろー？」「あれ、何やろ？」桑名・朝日・四日市・津・松阪・伊勢・志摩
〜やろか？↓だろうか？〜でしょうか？「何か、あるやろか」松阪
〜やん↓〜ない「逆上がりなんか、できやん」「燃えやんゴミはこっち」「あの番組は絶対に見やん」桑名・朝日・東員・四日市・津・松阪・伊勢・多気
〜やん↓〜だろう・〜じゃないか「あした、日曜日やん」「それ、トイレットペーパーやん」「向こうのホームにいるの、〇〇さんやん」桑名・鈴鹿・津・松阪・伊勢・志摩
〜やん？↓〜ませんか「それ、取ってくれやん？」多気
〜やんか↓〜じゃない「そうゆーたやんか」朝日・四日市・伊勢

〜やんす↓〜される・〜なさる◆もとは近世上方の遊里語。「隣りの○○さんが赤飯くれやんしたわ」「○○さんが結婚しやんしたやて」「○○さん来やんしたよ」津・松阪

〜やんせ↓〜して下さい・〜しなさい◆もとは近世上方の遊里語。「どうぞ食べやんせ」「これ、見やんせ」「早よしやんせ」亀山・松阪・志摩

〜やんな↓〜だよね・〜ですよね「あした映画に行くんやんな」「来週テストやんな」朝日・四日市・鈴鹿・津

〜やんやん↓〜ないじゃない・〜ないじゃん「あの人、来やんやん」「この道、通れやんやん」「そんなこと、普通しやんやん」四日市・鈴鹿・伊勢・多気

〜らい↓〜しよう「早よ、お祭り、行こらい」熊野

〜らへん↓〜あたり「そこらへんにあるやろ」「サーキットらへんに集合」津

〜りー↓〜しなさい・〜したら?「早よ洗濯しりー」「もっと、ゆっくりしりー」「そうしりー」津・名張・松阪・伊勢

〜りん↓〜しなさい「これ食べりん」「この靴にしりん」「そう思うんやったら、早よしりーん」鈴鹿・亀山・津

〜わー↓〜よ「雷鳴って、こわいわー」伊勢

〜んす↓される・〜なさる◆もとは近世の遊里語。「○○さんが行かんした」「○○さんが言わんした」松阪

あとがき

　俗称「ヘコキムシ」と呼ばれる昆虫「カメムシ」のことを、三重県内でどのように呼んでいるかについて、「三重のことば小辞典」で拾ってみた。すると、松阪市では「カミオジ」と呼ばれ、志摩市や度会町では「カメジを踏んだらチョーくさい」と歓迎されず、伊賀市では「服にドンガメがついとるで」と注意され、飯南町では「あそこにヘコズがおる」と嫌がられ、四日市市や名張市の人たちは顔をしかめながら「ヘコムシは超くさい！」と言い、あの臭いに鼻がひんまがるのである。

　このほか、生息地が県内のどこだか分からないのだが「へっぷりきんきん」と呼んでいるところもあるという（一体どこや？）。

　このようにカメムシ方言が多様に聴かれる一方で、県内でも共通語で「カメムシ」と呼ぶ人が増えているのもまた事実である。読者の場合はどうだろうか。いま共通語で「カメムシ」と呼んでいる人の住む地域でも元々は何らかの「カメムシ方言」を使っていた可能性がある。関心のある人は、地元出身で地元在住のお年寄りに聞いてみたり、市町村史の民俗の中の方言のページや、郷土史関係の本・資料などを調べたり、ネットで地域の方言をチェックしてみてほしい。きっと、それぞれの地域特有の呼び名が分かったり、手掛かりがつかめると思う。そして確認できた県内の各地域ごとのカメムシ方言を集めて三重県地図にもれなく記入すると、みごとに臭い三重県のカメムシ方言地図が完成するに違いない。

方言ミニ知識でも触れているように、共通語の広がりによって、全国各地に根づいていた方言が共通語に取って代わられ、徐々に姿を消しつつある。共通語で「カメムシ」と呼ぶ人が増えているのは、学校教育で共通語を学び、NHKや民放の共通語放送を見続け、聞き続けてきたためと、お年寄りから地域の「カメムシ方言」が伝わっていない可能性も十分考えられる。

昔おじいちゃんやおばあちゃんたちが話していた地域のことばが、最近は聞かれなくなっていることに気付いている人も少なくないと思うが、これも共通語が浸透し、核家族化によって地域の方言がお年寄りから伝わっていないという背景も考えられる。つまり今の子どもたちは、地元の方言を学ぶ機会がほぼないに等しい。方言を次の世代に伝えるためには、今なら子供たちとお年寄りと学校教育を結ぶ方法が有効だろうと思う。

ちなみに筆者はささやかではあるが、滋賀県、静岡県、岐阜県の大学や短大、県立専修学校で、担当する「日本語表現」分野の授業の時に、クラスの学生たちと同数程度の地元のお年寄りの方々(男女)に学校に足を運んでもらい、学生たちにそれぞれ近江弁や遠州弁、美濃町弁などを伝授してもらっている。

学生たちは、初めて耳にする方言やめずらしい表現に驚いたり笑ったりしながら、教室で聞き取った地元の方言を冊子にまとめるなど地域のことばと向き合う貴重な機会になっている。学生にとっても、お年寄りにとっても、この珍しいコミュニケーションの機会はお互い新鮮で充実していて楽しそうだ。特に先生役を務めるお年寄りたちは、日頃接触することがほとんどない若者たちとの交流に笑顔が絶えず、方言ならおまかせとばかりに活き活きとした表情を見せている。

方言を知り、学ぶことは、大学生、短大生たちにとっても悪くはないが、むしろ言語形成期の子どもたちにとってより必要だ。方法や形態はともあれ、小中学生を対象にした学校教育の中で、それぞれの地方の方言を学べる機会を増やし、充実させることが求められていると思う。方言の宝庫のようなお年寄りから、方言を学習する授業をカリキュラム化してみてはどうだろうか。そのようなことも含めて、本書「三重弁やん」が、地域の方言を見直し、考えるきっかけになることを期待している。

本書を上梓するに当たり、多くの方々にお世話になった。日本語学が専門で三重県方言を含めた方言研究者として著名な皇學館大学の齋藤平教授と、中世文学の研究で高名な同大学教授で深津睦夫前文学部長のお二人からは、有益なご意見や示唆をいただいた。同大学教職支援担当課長の松野高士さんには何かとお世話になった。同大学の卒業生になるが、在学中「表現（話し方）」や「表現演習」を受講した皆さんには、「これぞ三重弁アンケート調査」に協力していただいた。特にその結果をまとめた年ごとの代表の皆さん、改めてご苦労さま。

また三重県庁をはじめ、県内の津市、桑名市、いなべ市、四日市市、鈴鹿市、亀山市、伊賀市、名張市、松阪市、伊勢市、鳥羽市、志摩市、尾鷲市、熊野市、および木曽岬町、長島町、朝日町、川越町、東員町、菰野町、明和町、多気町、度会町、玉城町、南伊勢町、大台町、大紀町、紀北町、御浜町、紀宝町の各自治体職員の皆さん（教育委員会を含む）には、学生の出身地（＝方言の使用地域）の関連で、三重弁語彙の確認と聞き取り調査に協力していただいた。

亀山市の伊達エリンダ幸江さんをはじめ、「三重弁おもしろエピソード」に登場する皆さんには、取材に快く応じていただき、様々な三重弁にちなんだ文字通り面白く楽しい体験談をご紹介いただいた。さらに、伊勢弁に詳しい伊勢市小俣町の元公務員の匿名希望さん、元菰野町観光協会の三重弁ガイドのおねーさんこと坂倉さゆりさん、松阪市の「しあさって事件」（エピソード「ささって」シリーズ②参照）が掲載された新聞のコピーをファックスで送信していただいた四日市市諏訪栄町・チェリー理容所オーナーの木戸滋和さん、稲刈りの合間に何度かご連絡いただいた木曽岬町の加藤みほ子さん、町史の紀伊長島方言をメールで送っていただいた紀北町教育委員会の中野洋二さん、志摩市出身で伊勢市に住む玉田功さん、菰野町「カエルのカンピンタン」調査隊長の早野まゆみさん…など沢山の方々から多様な三重弁情報を送っていただいた。

このほか伊勢市出身のネイティブ・スピーカーで風媒社の山口章社長からは、適切なアドバイスと励ましのお言葉を、同社の新家淑鎌さんにもご助力をいただいた。またイラストの福田たまき氏にはあったかくて楽しいイメージのイラストを提供していただいた。

お力添え、ご協力いただいた多くの皆さんに、改めて心からお礼を申し上げる次第である。

二〇一七年一〇月　　神田卓朗

参考文献

齋藤平（二〇一二）「一、方言研究　二、三重県方言の特色　三、特論・文学作品の中の三重県方言」『三重県史別編、民俗、第三節・方言』

三重県

齋藤平（二〇〇四）「伊勢弁について」『伊勢ぶんかvol.3』伊勢市教育委員会
齋藤平（二〇一二）「第二特集・三重の方言辞典」『月刊Simple 10月号』ゼロ
佐藤虎男（一九九五）「三重県伊勢市方言の否定の表現」『方言資料叢書 第五巻』広島大学方言研究ゼミナール
竹内俊男（一九八二）『東海のことば地図』六法出版社
山田達也・山口幸洋・鏡味明克（一九九二）『東海の方言散策』中日新聞本社
吉澤義則（一九三三）『校本物類称呼諸国方言索引』立命館大学出版部
柳田國男（一九五一）『民俗学辞典』東京堂出版
中村幸彦・岡見正雄・阪倉篤義（一九八二〜一九九九）『角川古語大辞典』（五巻）角川書店
徳川宗賢（一九七八）『日本人の方言』筑摩書房
徳川宗賢（一九九六）『日本方言大辞典』（上巻・下巻・別巻）小学館
徳川宗賢（二〇一〇）『日本の方言地図』中央公論新社
佐藤亮一（二〇一〇）『都道府県別・全国方言辞典』三省堂
佐藤亮一（二〇一五）『滅びゆく日本の方言』新日本出版社
牧村史陽（二〇〇四）『新版・大阪ことば事典』講談社
堀井令以知（二〇〇四）『大阪ことば辞典』東京堂出版
堀井令以知（二〇〇六）『京都語を学ぶ人のために』世界思想社
泉文明（二〇一二）『京ことばとその周辺』晃洋書房
山下好孝（二〇〇四）『関西弁講義』講談社
橋爪伸也（二〇〇九）『大阪の教科書』創元社
真田信治（二〇〇九）『大阪のことば地図』和泉書院

真田信治（二〇〇五）『方言の日本地図～ことばの旅』講談社＋α新書
松本修（一九九三）『全国アホ・バカ分布考～はるかなる言葉の旅路』太田出版
岩淵匡・佐藤美智代（二〇〇二）『日本語の源流』青春出版社
杉本つとむ（一九六三）『日本語再発見』社会思想研究会出版部
杉本つとむ（二〇一四）『東京語の歴史』講談社学術文庫
前田勇（一九九九）『江戸語の辞典』講談社学術文庫
柴田武（一九六五）『日本語の歴史第6巻・明治の国語づくりと標準語』平凡社
野村剛史（二〇一三）『日本語スタンダードの歴史』岩波書店
国立国語研究所 編（一九六八）『日本言語地図・第3集』国立国語研究所
国立国語研究所 編（一九七四）『日本言語地図・第6集』国立国語研究所
NHK放送文化研究所（二〇〇二）『放送の20世紀』NHK出版
上富良野町（一九九七）『上富良野百年史』

参考資料

二〇〇四年皇學館大学「三重県方言アンケート調査まとめ」（「表現（話し方）」科目2クラス対象）
二〇〇五年皇学館大学「三重県方言アンケート調査まとめ」（「表現（話し方）」科目2クラス対象）
二〇〇七年皇学館大学「三重県方言アンケート調査まとめ」（「表現（話し方）」科目2クラス対象）
二〇〇八年皇学館大学「三重県方言アンケート調査まとめ」（「表現（話し方）」科目2クラス対象）
二〇〇九年皇学館大学「三重県方言アンケート調査まとめ」（「表現演習Ⅰ」科目3クラス対象）
二〇一〇年皇学館大学「三重県方言アンケート調査まとめ」（「表現演習Ⅱ」科目3クラス対象）
二〇一一年皇学館大学「三重県方言アンケート調査まとめ」（「表現演習Ⅱ」科目3クラス対象）
二〇一二年皇学館大学「三重県方言アンケート調査まとめ」（「表現演習Ⅱ」科目3クラス対象）
伊勢新聞（二〇一二～二〇一三年）神田卓朗「三重のことば散策」24回連載
中日新聞（二〇一七年二月一二日）三重総合版「しあさって現場で」中日新聞（二〇一七年六月一〇日）「三重の『帰属』カールで再燃」

◆語彙索引

あいさ 132
あかがしら 132
あかごう 132
あかじゃっぱんこおろぎ 148
アカジャッパンコオロギ 97
あがと 132
あかん 29・33・75・82・132
あかんあかん 77
あきしん 132
あくかさ 132
あける 132
あーこわ 132
あーこわっ 132
あこわ 132
あじぇぼじぇ 100・132
あじごはん 132
あじめし 132
あじない 132
あじょ 100・132
あたたい 133
あつ 76
あっかい 133
あっこ 133
あなける 133
アハー 94
あばばい 5・82・123・133
あばばよい 133
あぱぱい 133
あほ 75・133
アホ 93・94・95・96・97
あーほーなん? 133
あまめ 66・133
雨が降る（アクセント） 77
あめる 14・15・100・123・133
アヤ 94
あら 133
あらける 133
あらへん 133
あらくたい 133
ありえへん 133
ありえやんやん 4・69
ありがとうございます（アクセント） 119
あるがはて 133
歩かへん 76
あるんやに 4
あわい 134
あわいさ 132
アンカウ 97
アンガウ 97
あんがう 98
あんき 134
あんご 79・100・123・134
アンゴ 82・96・97
あんごう 98・134
アンゴウ 81・82・94・96・97・98
あんごさく 79・134
アンゴサク 82
あんごし 79・134
アンゴシ 82
あんた 98
あんだら 98
あんぽんたん 134
アンポンタン 96

いか 110
いかつい 134
いかのぼり 110
行かへん 76
行けへん 76
いかん 82・134
いかん? 134
いきしな 134
行こ行こ 77
いごく 134
いじ 134
いじくさり 134
いじくされ 134
いだ 134
行ったんさ 4
いっぷり 100・135
いっぺこっぺ 114
いてる 135
いとくらげ 155
いな 135
いぬ 135
いぬる 135
いのら 135
いびこしい 135
いまし 18・135
いらう 33・75・82・135
いろう 33・82・135
いろてみ 32
いらんいらん 39
いらんこと 135
いる 135
イロハニホヘト（アクセント） 121・122
いわす 135
いわんや 135
〜いん? 174
いんぎり 100・123・135
いんのか? 135

うざ 100・136
うざい 136
うざうざ 136
うざこ 136
うざこい 136
ウスノロ 97
うち 136

うちゃる 136
うちゃれる 79・136
うっとい 136
うっとこ 136
ウトイ 96
うるくさ 136
うるさい 100・136
ええ 137
ええふうしとる 137
ええやん 75
えげつない 75
えげる 100・137
えらい 52・75・79・82・137
偉い 52・54・55
えらいこっちゃ 137
えらかった 53・54
えんごと 137
おい 137
おいでた 137
おいない 137
おいないな 137
おいね 138
おいねる 138
おいねかす 138
をうかましい 98
おうた 76・138
おおきに 75・138
おおきん 138
おおきんな 138
おおちゃくい 138
おおとっちょーれ 80・138
おくんない 138
おげおげ 138
おこーこ 62・63
をごさ 98
おこしなして 138
おごし 100・138
おしまいなして 138
おしまいなーて 138
おじくそ 79・139
おじくそたれ 139
遅いやん 43
おたい 139
おたえ 123・139
おだつ 139
おだっとったら 4
おちゃくい 138
おっちゃくい 138
おちょくる 75
おちん 139
おっさん 139
おって 139
おとしゃい 139
おなか大きい 139
おばちゃん 75
おはようございます（アクセント） 119
おはようさん 75
おひき 139
おぼたい 140
おまん 140
おみ 140
おめく 140
おもしゃい 140
おもしょい 140
おもろい 75・140
おもろい話やなぁ（アクセント） 77
おもんない 140
およぶ 140
おらげ 140
おれげ 100・140
おらん 140
おる 75・79・140
おわえる 140
蚊ぁーおるで 76
〜が 174
〜がぁ 174
かい 140
かいだりー 140
かいだるい 140
かいだるいわ 4
〜かいな 174
がいな 80・141
がいに 141
かいらし 141
かいらしい 141
カエルのカンピンタン 5・13・86・87・88・89・100
かおり（人名アクセント） 120
かげん 141
かざ 141
かしわ 75・79・141
（米を）かしとる 43
（米を）かす 43・82・141
かずいき 141
かずゆき 100・141
かする 141
かたす 141
カタツムリ 92
（家の）かど 141
（家の）カド 59・60
〜かて 174
かなん 141
かなわん 141
カピカピ 142
カビカビ 142
かまへん 75・142
かまへんかまへん 4
カミオジ 179
かめじ 142

カメジ 179
カメムシ 179
からくる 142
かめやま（アクセント） 116
かめる 142
がめる 142
～かん？ 174
がんど 142
カンピンタン 12・142

紀伊長島のアクセント 119・120
きーひん 77
きえへん 78
きしょ 142
きしょっかい 142
きずつない 142
気にせんすな 142
きばる 142
ぎもる 100・142
きやしん 78
きやへん 78
休講やん 4
きゅな 114
ぎょーさん 143
今日はええ天気や（アクセント） 77
きょうび 143
きょんきょん 123・143
（布団を）きる 143
くさぐ 100・143
くろじみ 143
くたくた 143
ぐだま 98
クレヨンしんちゃんのカレー（アクセント） 120
くわしない 143
～け？ 174
けーへん 77・78
げ 79・143
～げー 174
けった 82・143
ケッタ 79・143
ケッタ貸してくれやん？ 4
ケッタマシーン 143
け（っ）たくそ悪い 143
けったいな 75・144
げっぽ 80・144
～げな 174
けなるい 144
けなりい 144
けんどい 100・144
げんとする 144

こいさのぉ 144
ごうある 144
こうた 76・144
こうちくもん 144
こーてきたで 4
こうてる 144
こうとる 144
ごうばる 144
こーへん 78
こうへん 144
こやへん 78・144
こやん 78・145
こうらい 145
ごうわく 82・145
こかす 145
こかる 100・145
ごがわく 145
こぎしろ 100・145
ゴキブリ 65・66
ゴキやん 66・123・145
こける 75・145
ゴジャッペ 94
こすい 79
こずたん 100・123・145
ごそごそ 145
こそばい 145
こしょばい 145
こちょばい 145
こそぼい 145
こだま 100・145
ごっさ 145
こっすい 145
ごっつい 145
ごつく 145
こびる 145
こまこう 146
ごもる 146
こやへん 37
こやんなぁ 4
ごろっぱら 146
こわい 146
こわける 146
こわしない 146
ごんごう 146
ごんじきる 100・146
こんた 146
ゴンタ 146
～さ 174
～さぁ 174
さーへん 146
さいこやき 146
さがし 146
さくば 146
～さけ 174
ささって 26・27・28・30・80・82・111・146
～さなぁ 174
さむ 76

さむつぼ 147
さめのたれ 147
さらえる 147
さらぴん 147
触ったらあかんで（アクセント） 77
～さんす 174

しあさって 29・30・31・111・112
ししくる 100・147
しってで 147
しっとー 147
じっと 147
～しておくんな 174
～してはる 174
～しときない 175
～しとる 175
～しとん？ 175
～しとんの？ 175
～しな 175
しまいごと 147
しまける 101・147
しまりする 147
しもた 147
しもた！ 148
しもたる 148
しもれる 148
しゃーない 75・148
じゃーすぞ 148

ジャスミンの香り（アクセント） 119
じゃっぱんこおろぎ 101・148
ジャッパンコオロギ 97
しゃびしゃび 148
しゃぶしゃぶ 148
～しやへん？ 174
シュワシュワ 87
しょーもない 75
しょずくなる 101・148
しょぞくまる 148
しょづくまる 148
～しよや 175
～しよらい 175
～しよる 175
しらんとるまに 148
しんどい 53・75・100・148

すたどこで 114
ずっこ 148
ずっこい 148
すったいだれもした 114
すっとこどっこい 101・149
ずつない 149

せいふ 98・99
せーへん 175
せーへん？ 175
せーへんわ 4

せく（＝急ぐ） 149
せく（＝咳をする） 149
せこ 149
せせこしい 149
せや 149
せやから 149
せやけど 149
せやなぁ 149
せやに 149
～せん 175
せんが 149
～せんがや 175
せんち 149
せんど 150
～せんといて 175

そうなん？ 150
そうなんや 32
そうやに 150
そやに 150
そげな 150
そこそこ 75
そこだまり 80・150
そない 150
そばえる 101・150
そや 75
そやけど 150
そやもんで 150

そら 150
それな 150
そんなんええやんか（アクセント） 77
そんなんなん 32

たぁ 151
だーこ 80・151
たぁゆーた 101・151
だいこ 151
たか 76
たかし（人名アクセント） 120
たぐなる 151
たけっとる 24
たける 101・151
凧（たこ） 110
凧上げ 110
だだくさ 79・151
たとむ 151
たなぐ 151
たなもと 151
食べへん 76
食べやん 76
食べやんせ 48
食べやんやん 69
食べられへん 32
食べられやん 32
ダボ 94
だぼう 98

たも 151
ダラ 94
だらけ 98
だらず 98
ダラズ 94
たらう 61・63・64・82・151
たらふ 64
たられへん 152
たらわへん 63・152
たらわん 5・63・101・152
誰なん？ 4
たろて 61・62・63
たわけ 98・152
タワケ 93・94・95・96・97
だんない 82・152
だんねえ 82・152

ちゃーすぞ 148
ちいと 152
ちねる 152
ちみぎる 82・152
ちみる 152
ちゃう 75・152
ちゃう？ 152
ちゃうちゃう 4・77
ちゃちゃっと 152
チャリ 153
チャリンコ 153
ちょぉ 153
ちょける 153
ちょんちょん 153
チョンチョン 153
ちょんぼ 153
ちょんぼり 153
ちろちろ 101・153
ちん 153
ちんちん 153
ちんちんまる 153

つくねる 153
机つり 153
つこても 153
つぼる 101・153
（道路が）つむ・つんどる 3・50・82・154
つめる 154
（机を）つる・つって 20・22・79・82・154
つるくす 154
つれ 154
手ぇーつないでな 76
手紙（アクセント） 117
てこしい 154
でっさるいて 114
てったう 154
手袋をする 126
手袋をはく 126・127・128
手袋をはめる 126・127
でむならん 154
てれこ 154
でんごし 79・155
デンデンムシ 92
てんぷ 101・155
てんぽもない 155

とー 76・155
～とぉ 175
どいやこい 101・155
とーじんばいばい 80・155
とぎ 101・155
とくしょくなしに 101・155
どこぞ 155
とごっとんで 36
とごる 82・155
どしこむ 155
とっちんこん 79・155
とびしゃり 156
とびっしゃり 156
どべ 79・156
どむならん 156
どもならん 156
どやす 156
～とる 175
とろい 156
どろぼう 156
どんがめ 156
ドンガメ 80・179
どんくさい 75
とんじ 156
とんち 156
どんならん 156

～な 175
～ない 175
～ないさ 176
なおす 156
ながた 156
ながたん 156
なかま 157
なぐさみ 80・157
なして 157
なっしゃんずよ 114
なっとした 157
なっとしたん 157
なとしたん 157
なっとしよ（う） 157
なっとな 157
なとなぁー 157
何しとん？ 4
何しとんの？ 43
なぶら 157

なぶる 157
ナメクジ 92
ならいや 157
なん？ 176
なんさ 176
なんぞ 157
なんたら 157
なんで 75
なんでや？ 157
なんどなん？ 157
なんなん？ 157
なんね 158
なんば 158
なんや 75
～なんや 176
なんやろ 158
～なんやろか 176
～にー 176
にかにかする 158
にき 159
2（に）ケツ 158
にしゃ 158
ニシャ 97
にじくる 158
にっすい 158
にゃんにゃんする 158

ぬくい 158
ぬくたい 82・158
ぬくとい 82・158
ぬくためる 159
ぬくとめる 159
ぬじくる 158
ヌクラー 94
（雨が）ぬけてく 158
寝ぇーへん 76
ねき 159
猫（アクセント） 117
ねっから～ない 159
ねぶる 159
寝やん 76
ねる 159
の 159
のー 45・159
～のー 176
～のしー 176
（傘に）のせる 159
のたる 159
のぶとい 160
登りきれやんやん 70
飲まんせ 48
歯ぁー痛い 76

はいはい 77
はがはが 80・160
馬鹿 98
バカ 93・94・96・97
はきつかん 160
はこ 101・160
はさかる 160
はざん 16・101・160
はしかい 160
はしやかい 160
はしらげる 160
はた（＝凧） 110
はた（＝近く・そば） 160
バタ 161
はたく 161
はだてる 161
～ばっか 176
はっしゃぐ 161
はば 161
ばば 161
ばばいい 161
ばばゆい 161
はよ 75・161
はらん 160
はらがつむ 161
ハンカクサイ 94
はんまくわす 161

火ぃー消して 76
びーたん 161
ぴーぴー 161
ひげあめ 161
ひこずる 161
ひしゃげる 162
ひじゃける 162
びしゃける 162
びしょたれ 162
ひっちくどい 162
ひっちゃかまえる 162
ぴっぴー 101・161
ひやかい 82・162
ひやこい 82・162
びっこひく 164
ひらける 162
ひらた 66・162
ひらたく 162
ひりょうず 162
ひる 162
～ひん 176
びんちょ 162
フーケモン 94
ふごむ 163
ふんごむ 163
ふたか 163
ふたかわ 163

ふたかわめ 163
ふたをする 163
ふたちょん 101・163
ふっち 163
フラヌイ・フラヌーイ（富良野） 127
フラフージ 94
へいはち 163
ヘイハチ 65・66
へいはちろう 66
平八郎 66
べいべいことば 107
ヘコキムシ 179
へこず 163
ヘコズ 179
へこむし 163
ヘコムシ 179
へっぷりきんきん 179
へた 163
へたれ 164
べちゃこ 164
べっこひく 164
へつる 164
べべ 164
へりこ 164
〜へん 176
〜へん？ 176
へんば 79・164
べんべん 101・164
ポイする 32
ほいで 164
ほーか 164
ホーコ 94
ほうとる 164
ほーなん 164
ほうばい 79・101・164
ほかす 75・82・164
ほかす・ほかしてんか 39
ほかる 165
ボケ 96
ほたえる 165
ぼちぼち 75
ほっかぶり 165
ぼっかぶり 165
ぼっこ 165
ぼっこい 165
ほっこりせん 165
ぼっさい 165
ほったって 41
ほったりする 165
ほっぱれ 80・165
ほな 165
ほななぁ 165
ほにさぁ 165
ほにさぁ、ほにほに 165
ほやで 165
ほる 75・82・166
ほる・ほっとく 39・40・42
ホンジナシ 94
ほんだら 166
ほんなら 166
ほんで 166
ほんなん 166
ほんま 75・166
まいこます 166
まいすをこく 166
まいすこき 166
まいつくなる 166
まいつくまる 166
まいまい 80・101・166
マイマイ 92
まく 167
まくれる 167
まけぞらかす 167
まける 101・167
まぜやな 36
またい 167
まだまん 167
まつさか・まつざか 116
まっさか 116・167
まっつぁか 116・167
まっちゃっちゃ 167
まっちゃまち 116
まゆみ（人名アクセント） 120
まるけ 167
まわし 167
まわり 167
まんじゅうむし 167
みいきってきよる 167
三重弁まるけ 4
みじか 76
みじゃいた 4
みじゃく 168
みじゃける 168
みじゅける 168
みじゃみじゃにする 168
みどりが（アクセント） 85
むこっち 168
むしくる 80・168
むっちゃ 168
目ぇーかゆいんや 76
めっき 170
めっさ 168
めっちゃ 169
めっちゃえらいわ 4
めぼ 169
めんぼ 169

めめす 66
めめる 169
めんどい 169
めんめら 101・169
もうける 169
もける 169
もうとる 169
もうはい 169
もがる 169
もじく 169
もっき 170
もももくれる 170
ももける 170
ももぐる 170
もろた 170
もん 170
〜もんで 176
〜や 176
〜やから 176
やけつり 170
〜やし 177
やしき 170
やたけた 170
〜やっけ? 177
やっとる 75・79
〜やで 177
〜やな 177
〜やない? 177
〜やにー 177
やにこい 101・170
〜やねかー 177
やのあさって 112
やばる 170
やぶれた 56
やぶれる 170
やまが（アクセント） 85
やまだ 170
ややこしい 75
〜やよ 177
やらかい 170
やらしい 170
やり? 177
やりしれる 171
〜やろ? 177
〜やろか? 177
〜やん（=ない・否定） 177
〜やん（=だろう） 177
〜やん? 177
〜やんか 177
やんが 171
やんがこく 171
やんす・やんせ（ことば） 49
〜やんす 178
〜やんせ 178
〜やんな 178
〜やんやん 178
ゆうた 76・171
ゆうといて 171
ゆうへい（人名アクセント） 120
ゆわん 171
よう 171
よー 171
よういわん 171
ようけ 79・171
よーけ 75・171
よけ 171
ようさん 171
ようせん 171
ようれ、まーかい 171
よきり 172
よさり 172
よっしゃ 75
よっとく 172
よふたり 172
よぶ 172
よばれる 172
よぼる 172
〜らい 178
〜りー 178
〜りん 178
〜わー 178
わいと 172
わがと 172
わぎょら 172
わじょ 172
わたがし 79
わっける 172
わっけな 34・172
わっけに 35・172
わっけね 35・172
わっけん 35・172
わっけもね 173
わや 173
わやく 67・68・173
わやくそ 173
わやくもん 68
わらかす 173
わらわらする 101・173
わり 101・173
われ 173
われげ 173
（おなかが）われる 101・173
〜んす 178

◆事項索引

朝日放送 94
伊賀方言 79
伊勢 102
伊勢商人 103・104・105・107
伊勢のなことば 79
伊勢方言 79
伊勢屋 103・106
一色克美アナウンサー 117・122
井原西鶴 108
揖斐川 84
NHK東京芝浦仮放送所 115
江戸のことば 102
遠州弁 180
お伊勢参り 106
近江 102
近江弁 180
大坂 103・107
大伝馬町 103・106
荻生徂徠 91
小津三郎右衛門 105
小津産業グループ 106
小津清左衛門長弘 105
小津屋 106
小津和紙 106
蝸牛考 91・92
掛売り節季払い 104
上方出身者 107
上方商人 107
川喜田屋 103・106
北野誠 93・94
紀行文「東遊雑記」 113
旧小津清左衛門家住宅 106
旧長谷川家住宅 105
京 103・106・107
京田武男アナウンサー 115
近畿方言区画 75
近世上方の遊里語 48・178
桑名 84
K&K国分 106
慶長見聞集 108
京阪式アクセント 77・80・84・85・116
言語形成期 124・181
語彙・音韻・語法・アクセント 75・76・77・80
国分勘兵衛 106
国立国語研究所 110・127
越谷吾山 98
「来ない」の近畿方言 77・78
これぞ三重弁アンケート調査 5
志摩方言 79
正法眼蔵 44
初代歌川広重 104
新撰字鏡 44
杉本宗順 108
絶滅危惧種方言 6
全国アホバカ分布考 95・96
全国あほばか方言の研究 95
宝井其角 109
竹内俊男 83
玉勝間 91
垂井式アクセント 85
探偵！ナイトスクープ 93・95・96
東京式アクセント 83・84・85・117
東京三越百貨店 105
東西アクセントの境界線 83・84・85
遠江 102
東都大伝馬街繁栄之図 103・104
徳川家康 102
徳川宗賢 107・112
豊臣秀吉 102
長島 84
名古屋テレビ放送 93
奈良県宇陀郡曽爾（そに）村 88・90
奈良県宇陀郡御杖（みつえ）村 88・90
南留別志 91
南部領（岩手県） 113
二線譜 116・117・119・121
日葡辞書 97
日本言語地図 110
日本橋 102・103
にんべん 106
長谷川治郎兵衛 105
服部四郎 82・84・85
東紀州方言 79
標準語教育 114
標準的日本語 114
物類称呼 98・110
古川古松軒 113
ブロンズのライオン像 104
不破郡垂井町 85
方言教育 124
方言周圏論 91・92・94
方言と共通語 124
方言と共通語のバイリンガルシニア 125
坊農秀治アナウンサー 12・117
本うだつ 105・106
松坂商人の館 106
松本修プロデューサー 94・96
三重テレビ放送 12・117
三重弁ベスト20 81・82
三河 102
三井越後屋呉服店 104・107

三井家発祥の地　104
三井住友銀行　104
ミニ方言指導教室　124
美濃町弁　180
宮本常一　115
本居宣長　91
八木長　106
柳田國男　91・92
ラジオ第一声　115
両替商　104
類聚名義抄　44

[著者略歴]

神田 卓朗（かんだ・たくお）

大阪市阿倍野区出身。元岐阜放送アナウンサー。元岐阜女子大学文化創造学部教授。元皇學館大学非常勤講師。浜松学院大学非常勤講師。専門分野は日本語表現。日本語学会会員。にわか学会委員。岐阜学会前代表委員。岐阜市まちなか博士認定委員会委員長。美濃市史編集委員会民俗部会委員。著書に「笑いの芸能にわか」「岐阜弁笑景スペシャル」「岐阜弁笑景スペシャル・パート２」がある。つボイノリオさんの元放送禁止ヒット曲「金太の大冒険」に登場する神田さんのモデル。

◎装幀・本文イラスト

福田 たまき（ふくた・たまき）

岐阜県関市出身。グラフィック・デザイナー。本書「三重弁やん」の装幀デザインおよびイラストを担当。東京でグラフィック・デザイナーとして活動後、現在は岐阜県を拠点に活躍中。自治体や企業などの各種デザインを手がけている。同県各務原市在住。

三重弁やん

2018年1月1日　第1刷発行　（定価はカバーに表示してあります）
2018年8月10日　第4刷発行

著　者　神田　卓朗
発行者　山口　章

発行所　名古屋市中区大須1丁目16番29号
電話 052-218-7808　FAX052-218-7709
http://www.fubaisha.com/
風媒社《ふうばいしゃ》

乱丁・落丁本はお取り替えいたします。　＊印刷・製本／モリモト印刷
ISBN978-4-8331-1545-2

三重県の本

目崎茂和

古地図で楽しむ三重

定価（1,600＋税）

古地図を読み解けば、そこから歴史が立体的に見えてくる！　江戸の曼荼羅図から幕末の英国海軍測量図、あるいは“大正の広重”吉田初三郎の鳥瞰図──歴史の証人としての古地図、絵図から浮かび上がる多彩な三重の姿。

田村陽一

宮川流域の遺跡を歩く

定価（1,500＋税）

氷河時代が終わりを告げるころのキャンプ跡、狩りや採集に明け暮れた縄文のムラ、収穫に活気づいた弥生のムラ、地域のリーダーが眠る墓や争いに備えた城跡…。さあ、悠久の時を巡る旅に出かけよう！

川端守 文　山本卓蔵 写真

熊野古道
巡礼のみち伊勢路を歩く

定価（1,600＋税）

伊勢神宮と熊野三山を結ぶ伊勢路は、「伊勢へ七度、熊野へ三度」と呼ばれた信仰の道。豊かな自然のなかを歩む石畳、峠から望む熊野灘、日本一の棚田など、多彩な風景をビジュアルに紹介する。

川端守

熊野古道 小辺路紀行

定価（1,200＋税）

高野から熊野へ──。ふたつの聖地を結ぶ道。果てなき峠を越え、高野山から熊野をめざす十七里。世界遺産の道・熊野古道“小辺路”を歩く現代巡礼記。

海の博物館　石原義剛

熊野灘を歩く
海の熊野古道案内

定価（1,600＋税）

熊野灘は太古からの太い海上の道であった──。大王崎から潮岬まで、はるばるつづく海岸線をたどるとき、そこには豊かな歴史といきいきとした文化が残ることを知る。海からたどる熊野古道のあらたな魅力を紹介する。

小板橋淳

紀州・熊野の峠道

定価（1,600＋税）

道の世界遺産・熊野古道から忘れられた古き街道まで、かつて人々が往来した峠道の歴史をたどる。コースタイム、地形図、コースメモなども掲載。紀州・熊野の峠歩き完全ガイドブック。

萩原空木

熊野古道をゆく

定価（2,000＋税）

森の閑けさ、海の碧さ、山の険しさ、そして風の囁きをもとめて…。声を失い胃ろうの元新聞記者が綴った現代の道中記。